幻想博物誌

澀澤龍彥 著

幻想博物誌 專文推薦

洋洋灑灑的目錄、隨處可見的引用、行雲流水的行文，在在顯示出作者浩瀚無邊、無所不知的博學，令人深深嘆服。

——「幕末．維新史」系列作者 洪維揚

澀澤先生挑選、整理二十四篇幻想動物隨筆，可做為老普林尼《博物誌》及波赫士《想像的動物》等博物書誌的註解。人類與動物不同之處在於超強「想像力」。道德也是一種想像力。這是人最可貴的素質。

——《禁斷惑星》作者 高苦茶

幻想博物誌 專文推薦

本書記載早期不同文化下對未知事物的想像。面對新穎的事物或現象，人們觀察、敘述並傳唱，集結成了神話、奇幻迷離的故事，期待各位冒險者進一步探索。

——寓言盒子版主 詹文貞

鬼才澀澤龍彥以扎實的文獻考察，揉合了神話傳說與現實生活中的動物，讓博物學和幻想文學碰撞出火花，令人們得以見證到頑強的空想所誕生出的迷人放蕩成果！

——人氣恐怖作家 醉琉璃

目次

韃靼植物羔羊

方濟各會傳教士和德理出生於義大利威尼斯附近的波代諾內，一三一四年立志前往東方傳教，經過小亞細亞、波斯、印度、錫蘭、蘇門答臘、爪哇、婆羅洲，於中國的泉州上陸，停留在元朝的大都（如今的北京）三年，最後通過內陸的吐蕃（現在的西藏）回國。和德理的《鄂多立克東遊錄》[1]如書名所示記錄了這趟浩大的旅程，受到當時歐洲民眾喜愛且廣為流傳，其中介紹了在未知東方國度各種不可思議的民族、動物與植物。

例如《鄂多立克東遊錄》第三十一章出現「會誕生一頭羔羊大小野獸的瓜類」的描述，以下引用其文字：

「在被稱為卡迪立的大國中，有著名為卡斯匹山脈的群山（如今的高加索山脈），此處似乎會長出非常巨大的瓜類。據說其果實成熟後會分成兩半，裡面可見到一頭羔羊大的小動物，所以這種瓜類具有果實，果實中有肉。」

這種奇特的植物羊傳說似乎已經在中世紀的歐洲廣為流傳，從約翰．曼德維爾那被認為大量剽竊和德理旅行記的《東方旅行記》[2]（一三六〇年左右），以及博韋的樊尚被視為中世紀百科全書的《自然之鏡》[3]（一四七三年），都可發現類似的描述，這或許可視作波斯傳入的傳說吧！

博韋的《自然之鏡》中，將這種植物羊稱為「韃靼植物羔羊」（斯基泰之羊，Scythian lamb），而斯基泰指的是黑海北岸的草原地區。前面提過和德理的《鄂多立克東遊錄》中有個卡迪立國，而這個稱為卡迪立的地方推測是現在從窩瓦河下游到高加索山脈一帶，恰好是斯基泰所在之處。

根據博韋的記述，這種「韃靼植物羔羊」身上包覆著帶黃色的絨毛，長著類似臍帶的長莖連接地面，彷彿小羊一般，切開會流出如血的汁液。另有別的說法指這種「韃靼植物羔羊」的毛皮有如羊毛能保溫，所以到了產季商人會去摘取。

十六世紀初，斯洛維尼亞人外交官西吉斯蒙德．赫爾伯斯坦以神聖羅馬帝國皇帝馬克西米利安一世（Maximilian）大使的身分被派遣至莫斯科，他的見聞錄《俄羅斯情勢解說》[4]（一五四九年）中也提到了植物羊，植物羊從原產地撒馬爾罕出口到威尼斯，文中寫道「每個回教徒的帽子內層都用這種植物纖維織成的毛皮來取代動物毛皮」等等。如果赫爾伯斯坦的報告正確，和德理就算不用大費周章跑到東方，應該也能在其出生故鄉附近的威尼斯看到從撒馬爾罕送來的「韃靼植物羔羊」才對。

和德理的報告中強調植物羊是從瓜類般的果實中誕生的，而博韋的樊尚與赫爾伯斯坦的記述則更著重在植物羊的絨毛上。不知是不是前述的緣故，還有個說法指這種「韃靼植物羔羊」又名為「金狗毛蕨」(barometz 或 *Polypodium barometz*)。

所謂金狗毛蕨，指的是一種生長於中國北方，實際存在的蕨類（羊齒）植物，蕨類的嫩葉上長著細密的絨毛，各地也都認識這種植物，會將其紡成紗、用於紡織品中。或許是因為細密生長

圖1　韃靼植物羔羊
出自曼德維爾的《東方旅行記》

於蕨類根或莖上的金色絨毛非常類似羊毛，所以把金狗毛蕨與「韃靼植物羔羊」混在一起。

根據H．李的研究《韃靼的植物羊》[5]（一八八七年），實際上「韃靼植物羔羊」似乎是種棉樹，但我認為比起棉樹，蕨類更貼切。

從北鎌倉連綿到我家庭院的後山，長滿了整片的巨大蕨類。到了春天，包覆著絨毛的嫩芽破土而出，我總是會聯想到金狗毛蕨這個詞，實際上，那看起來就像隻小羊蜷縮著。

話說回來，我最近看了李約瑟博士廣受好評的大作《中國之科學與文明》[6]第一卷，其中也提到「韃靼植物羔羊」的軼事，真令人驚訝。李約瑟博士有涉獵中國方面的文獻，證明了這個傳說不僅在歐洲，自古便在波斯、中國也流傳著。是說我們原本就已認識了南方熊楠的名著《十二支考》，對約瑟博士的文字或許沒必要那麼訝異。

至於「韃靼植物羔羊」，南方熊楠寫道：「據說這在支那俗稱羔子，也就是韃靼植物羔羊，在歐洲是很貴重的奇藥。它會從土裡自然長出小羊，野狼喜歡吃，一受傷就會流血等等。」被《古今要覽稿》引用的《西使記》則寫道：

「壠種之羊出現在西海。取羊臍種於土中，用水灌溉，聽聞雷聲臍帶便繫地相連。待其長大，用木頭驚動，臍帶隨即斷裂，羊立刻可行走吃草。至秋天可食用，臍內再度產生種子。」

熊楠寫說「這在歐洲是很貴重的奇藥」，我記得蕨類長了青苔的根株在歐洲的確曾經是用來止血的特效藥。

雖然熊楠把「韃靼植物羔羊」的傳說當成「實在是令人笑破肚皮的無稽之談」一笑置之，而另一方面，李博士則熱中於努力合理地說明這個傳說的起源。著眼於這樣的傳說怪談，或可謂熊楠做學問的容受範圍。

根據李約瑟博士的推理，植物羊傳說不管與棉樹、與蕨類都沒有關聯，其起源是「某種屬於海生雙殼貝類的軟體動物——雙色江珧蛤吐出的絲線」。希臘化時代，地中海沿岸發現這種絲線乾燥後可製成紡織品，敘利亞商人將這種奇妙的紡織品出口到中國。最後以訛傳訛，變成讓雙色江珧蛤從海岸登陸，接著再以羊類取而代之，整個故事大幅改變——不用說，我們沒有資格去斷定李博士所說內容的真偽，只能說是很有趣的推測。

從這小小的「韃靼植物羔羊」相關考證中，源源不絕冒出以絲路或西域為中心，東西文化交流史壯觀印象的，恐怕不是只有我吧！

阿根廷幻想小說家波赫士的著作《想像的動物》[7]中提到植物羊，描述此怪物的特徵為「結合了植物界與動物界」。

波赫士繼續表示，「關於這個主題，也請大家回想一拔起來就會發出如人類尖叫般聲音的曼德拉草，以及但丁《地獄篇》第七圈中悲慘的、受了傷就會從樹幹流出血液並同時說話的〈自殺者的森林〉。」

雖然波赫士沒有寫，不過我認為必須在這怪異的植物系列中，追加藉由中世紀波斯詩人的作品傳至歐洲，位於中國海盡頭被稱為瓦克瓦克島（al-Wāqwāq）的傳說。

瓦克瓦克島上，有種類似無花果的果實會誕生人類小女孩，而非羊隻。一旦果實成熟，小女孩便具備了完整的肉體，會用頭髮勾著枝條下垂。最後完全熟透時，會發出「WAKUWAKU」的悲鳴，同時從枝條落下死亡。這可謂是個充滿悲戚童話式幻想的傳說吧！

我到伊朗旅行時，在薔薇四處盛開的伊斯法罕旅館中庭吃了如西瓜大、黃色果肉又香又甜的哈密瓜，不過很遺憾，沒有羊從哈密瓜中跳出來。

書目註記

1. Viaggio del beato Odorico da Pordenone, Odorico da Pordenone, 1931.
2. The Travels of Sir John Mandeville, Sir John Mandeville, 1356.
3. Le Grand Miroir du monde, Vincent de Beauvais, 1473.
4. Rerum Moscoviticarum Commentarii, Sigismund Freiherr von Herberstein, 1549.
5. The Vegetable Lamb of Tartary, Henry Lee, 1887.
6. Science and Civilization in China, Noel Joseph Terence Montgomery Needham, 1954.
7. El libro de los seres imaginarios, Jorge Luis Borges, Margarita Guerrero, 1957.

犀牛圖

正巧一個月前，我參觀在東京某百貨公司舉辦的開國美術展，其中江戶後期畫家——谷文晁所繪製的西洋風格「犀牛圖」，與杜勒描繪的著名犀牛圖非常類似，勾起了我些許興致。文晁繪製的圖畫似乎有附註，由文晁之子文二寫著：「這是我參考父親參照詠斯頓（Johannes Jonston）動物圖譜描寫的。」

杜勒描繪的犀牛是一五一三年時，葡萄牙航海家瓦斯科．達伽馬（Vasco da Gama）從印度活生生捕捉而來，獻給里斯本曼努埃爾國王的，這是自古以來歐洲人首次親眼見到印度犀牛，在當時是極度珍稀的野獸。杜勒當然不可能見到實體，而是將葡萄牙無名畫家的素描完全依照原樣，精緻地重現在木版畫上。

對了，根據赫柏特．溫特的《故事世界動物史》[1]所寫，由於這頭犀牛從印度到歐洲的航程中，長時間被關在狹小的船艙，所以皮膚上長出眾多角狀的突起物。

不過無論是里斯本的無名畫家或者杜勒都完全不知道這回事，以為犀牛的皮膚上必定會有這種一粒粒的突起物，忠實地畫了下來。結果之後所有博物誌的書籍中，這種怪異的突起物都被當成犀牛本身的特徵畫了出來。

一五五一年，瑞士博物學家康拉德．格斯納出版的《動物誌》[2]中，也直接使用了杜勒的木版畫。一六六三年，長崎出島的荷蘭商館長供奉給德川將軍的詠斯頓《動物圖譜》（一六六〇年）中，也有仿製杜勒所繪身上有突起物的犀牛圖，甚至在谷文晁仿製的這幅犀牛圖上，就我觀賞的時候，也鮮明地畫出了宛如小鹿花紋般的突起物。所以杜勒、格斯納、詠斯頓又或谷文晁全都是以罹患同種疾病的犀牛為模特兒，描繪出類似幻想怪獸的犀牛。仔細想想，這應該說得上是文化史上相當特別的軼事吧！

再細細觀賞，我發現這幅以杜勒為始祖的歐洲古老犀牛圖，有著更加奇怪之處。本來犀牛可分為獨角的亞洲犀牛，以及兩隻角的非洲犀牛，而杜勒的犀牛產於印度，所以犀牛鼻子上有一根巨大的角，不過除了這根巨大的角之外還有另一根——在犀牛背上的第二個小角，長成螺旋狀。不用說，現實中無論是亞洲犀牛或者非洲犀牛，都應該不會有這多餘的角。

那麼究竟是葡萄牙的畫家，抑或是杜勒在犀牛原本的身體上畫了這種多餘的東西呢？很令人好奇吧。這對我們而言僅僅是個謎團，然而實際上希臘似乎以往便傳說犀牛有兩隻角，也可想見會不會是畫家扭曲了自身實事求是的精神，迎合自古以來的傳說呢？或許是如此。

例如十六世紀的法國外科醫生安布洛瓦茲．帕雷，在其著作《木乃伊與獨角獸之理論》[3]（一五八二年）中敘述如下：

「據保薩尼亞斯所說，犀牛有兩隻角，絕對不是一隻角。換句話說，其中一隻角長在鼻子上，非常巨大、顏色濃厚、有如水牛的角又粗又長，其內部並非中空的，角彎曲且突出，堅硬且

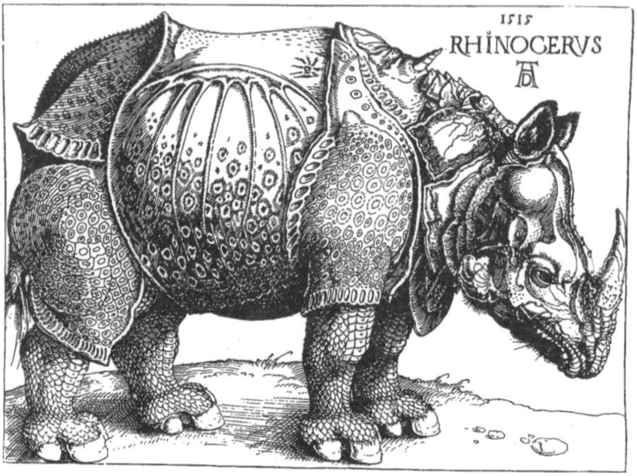

圖 2　杜勒的犀牛圖

沉重。另一隻是生長在肩膀上的角，小巧卻非常尖銳。由此可知，犀牛與獨角獸是不同生物。獨角獸如其名所示，應該只有一隻角。犀牛長得像大象，據說大小幾乎一樣，不過犀牛的腳比大象短許多，蹄有裂，頭部像豬，身體包覆著極度堅硬的鱗狀皮宛如鱷魚，就像戰馬的胸甲。」

帕雷前述的觀察除了兩隻角的觀點以外，其他部分正確到令人吃驚。身為理性主義者的帕雷太過於熱中否認獨角獸的存在，拿出保薩尼亞斯陳舊的理論等等應證，結果操之過急。對我來說，那種思考方式有值得效法之處，然而，我沒查過保薩尼亞斯的文獻，很難保證是否真如帕雷所描述。

在近代歐洲，犀牛僅僅等同於珍奇異獸，不過至少在羅馬時代，犀牛與大象、長頸鹿同樣都是經常被拉上圓形競技場的動物。犀牛被放進競技場與大象、公牛或者熊戰鬥。此外有人拿犀牛角來當成油的容器。實際上比起文藝復興時期的杜勒與帕雷，古羅馬人應該遠比他們更具備實體犀牛的豐富知識。

接下來，就請羅馬人的代表——寫下名著《博物誌》的老普林尼登場！他在《博物誌》的第八卷第二十九章這麼寫著：

「鬥技場的餘興節目果然能見到鼻子上長角的犀牛。犀牛是大象的天敵。為了準備戰鬥，犀牛會在石頭上研磨牠的角，戰鬥時專門瞄準對手的腹部，牠們知道那邊是皮膚最柔軟的部分。雖然犀牛與大象尺寸相同，但犀牛的腳短得多，呈黃楊木的顏色。」

如各位所見，老普林尼完全沒有說「犀牛有兩隻角」等等不合理的話，他大概只是輕描淡寫地說出他在鬥技場看到的事實而已。

那麼，老普林尼的觀察總是這般正確嗎？絕對不是如此。緊接著在第八卷第三十章中，他就洋洋灑灑地列出衣索比亞產的斯芬克斯、長著翅膀的飛馬佩加索斯（Pegasus），或者曼帝可拉（Manticore）這種莫名其妙的怪獸名字、特性等等。到了第三十二章，果不其然，衣索比亞產牛身巨獸卡特布蘭帕斯（Catoblepas）這類奇奇怪怪的動物登場。看樣子，衣索比亞這個國家對老普林尼而言簡直就像是怪獸的寶庫嘛！

作為參考，以下再次引用老普林尼的敘述，稍微介紹據說棲息在衣索比亞內陸尼羅河發源處，牛身巨獸卡特布蘭帕斯的特性：

「這頭野獸的身軀沒有那麼巨大，動作緩慢，而頭部異常沉重，要如何支撐是個大困擾，所以牠的頭部總是往地面傾斜。如果沒有這個困擾，卡特布蘭帕斯說不定會毀滅人類。會這麼說，是因為被這頭野獸眼睛看到的人類，全都會站著就往生。」

光憑著這些描述已經讓我們雲裡霧裡摸不著頭緒，沒有任何印象。所謂卡特布蘭帕斯是希臘語，意為「看著下方的人」。動物學家居維葉（Georges Léopold Chrétien Frédéric Dagobert Cuvier）曾說過，會不會是古代人將不合理的觀念，從希臘神話巴西利斯克、戈爾貢的記憶，連結到非洲牛羚這種動物呢？不過這個說法感覺太不可靠。

如果要一一介紹老普林尼著作中出現的怪獸，恐怕會沒完沒了。像卡特布蘭帕斯這種空有定義、沒有實體，也無法給人什麼具體印象的怪獸，光這層意義而言反而更加刺激詩人或作家的想像力。所以拉伯雷及福婁拜得以將此概念融入自身著作中，隨心所欲地塑造其樣貌。有興趣的人歡迎參閱《巨人傳》[4]第五卷以及《聖安東尼的誘惑》[5]。

書目註記

1. 1.Die schönsten Tiergeschichten , Herbert Wendt, 1960.
2. Historia Animalium, Conrad Gesner, 1551–1558.
3. Des Monstres, Des Prodiges, Des Voyages, Ambroise Paré, 1964.
4. La vie de Gargantua et de Pantagruel, François Rabelais, 1534.
5. La Tentation de saint Antoine, Gustave Flaubert, 1874.

傘足人

歐洲的中世紀是幻想動物繁花盛開的時期。不僅動物，在書籍與造型藝術的世界中，就連可謂畸形人類的怪物也大量登場。此外在地理方面不進行探索、對世界整體知識並不普及的時代中，人們腦袋裡的空想相當頑強，似乎堅信著有那種怪物實際棲息於不曾見過的世界邊境。

那種邊境的畸形人類中，來介紹我最喜歡、小有幽默感的傘足人吧！

所謂傘足人（skiapodes），據說是一種棲息在印度（也有人說在利比亞）的單腳人種族，「skia」是希臘語陰影的意思，而「podes」則是腳的意思。老普林尼的《博物誌》第七卷第二章也寫道，他們可以用單腳跑得飛快，而且那隻腳非常大，所以他們睡覺時會把腳當傘擋在頭上，巧妙地遮住太陽。傘足人將巨大的腳抬到頭上舒適的模樣出現在十二世紀羅馬式教堂的裝飾中，十五、十六世紀的博物誌書中也經常能見到。

著名的中世紀藝術史學家埃米爾．馬勒曾表示：「觀賞我們教會柱頭裝飾中傘足人抬著單腳隔離太陽高溫的模樣，這個寓言乍看之下令人強烈感受到中世紀的刻印。然而驚人的是，這個寓言是透過一位希臘人傳進了西歐世界。」

——《法國十二世紀之宗教藝術》1

其中提到的「一位希臘人」，除了時代比老普林尼更早的帖西亞斯（Ctesias）不作他想。

帖西亞斯是個在西元前四世紀後半時被波斯軍隊捉住，擔任波斯王阿爾塔薛西斯二世（Artaxerxes II）御醫十七年的男子。他回到希臘之後，根據當時的所見所聞寫下印度相關的地理書籍，雖然他並沒有實際去過印度，但他寫下的幻想印度故事在希臘世界大受歡迎。帖西亞斯的印度故事中，有單腳的傘足人、長著狗頭的狗頭人、身高只有三十公分的侏儒俾格米人、長著人頭的獅子曼帝可拉、守護黃金寶藏的怪獸獅鷲獸（Griffin），甚至獨角獸等生物。

帖西亞斯出現一百年之後，這次同樣是希臘人的麥加斯梯尼（Megasthenes）以敘利亞王塞琉古一世特派使節的身分實際踏上印度土地，駐留於貝那拉斯前面的華氏城（現在的帕特納），歸國後果然書寫了《印度誌》[2]，不過這本書還是頻繁出現像帖西亞斯那本著作一般、有關幻想生物的記述。雖然說是自己在印度的親身經歷，卻也寫出了不可思議的內容。恐怕是他為了取悅讀者而睜眼說瞎話。

這些連篇謊話即使到了羅馬時代，依舊從一本書傳承到另一本書裡。老普林尼收錄這些內容集大成於《博物誌》，索利努斯則摘錄其內容寫了《地誌》[3]。聖奧古斯丁也在其《上帝之城》[4]第十六卷八章中，洋洋灑灑列出這些怪物的名字。話說回來，就連他多少也懷疑幻想的怪物是否實際存在。如果怪物確實存在，那就是大自然的規律，代表他們一樣身為亞當的子孫，不能嘲笑、歧視他們。

如此一來即使到了中世紀，依舊流傳著怪物傳說。

圖3　傘足人與其他怪物
引用自塞巴斯丁．繆斯特的《世界誌》[5]

千年前曖昧不明的傳說就這麼完整地傳承在中世紀教士學者的書籍中，同時也用於羅馬式石造建築的裝飾主題。即便不是埃米爾．馬勒，也不得不感到驚奇吧！

這些滑稽的怪物究竟是不是恐怖的惡魔呢？單腳怪物、狗頭人身畸形人的靈魂也跟我們一樣，都能藉由神明的救贖進入天國嗎？——這是個讓中世紀修道士想破頭的難題。然而正如聖奧古斯丁說過的，怪物無庸置疑也是亞當的子孫。根據古代的傳說可知道，棲息於邊境的他們也能編織紡織品、建立國家。

不僅如此，在東方傳說中，那位背著耶穌基督幼兒過河的擺渡人聖克里斯多福也是長著狗頭的狗頭人，甚至怪物視情況而定也能變成聖者。所以中世紀的藝術家即使在羅馬式修道院的裝飾中雕刻出這些怪物的姿態，一點也不覺得有什麼稀奇的。

著名的法國中部威澤雷教會正面門扉處，雕刻著狗頭人、俾格米人，以及擁有巨大耳朵如貝殼般直立、據說棲息於斯基泰地方，稱為帕諾第（Panotti）的畸形種族。

無論哪種都是基督教福音中應該受到救贖的畸形人類種族，他們絕不是惡魔。

好了，話題回到傘足人身上。

是說在古代人的心裡，對傘足人這種將單腳抬到頭上遮太陽的畸形人會浮現何種印象呢？

關於這點，十四世紀初帶著羅馬教皇的書信前往中國（當時的元朝）的方濟各會傳教士舟萬尼·達·馬黎諾里在他的著作《波西米亞編年史》[6]中有個有趣的觀點：他毫不留情地作出否認邊境怪物存在的結論，認為那全都是詩人的幻想，因為印度人平常赤裸走在路上時有撐陽傘的習慣，說不定是把傘看成了腳的緣故。

然而如此合理的說明對我而言太過於直白殺風景，一點情趣都沒有。例如說明半人馬（半人半馬的怪獸）的起源時，有的學者不知道荷馬時代的希臘人會騎馬，所以提出一開始見到騎馬的遊牧民族才會認為並說出這是人馬一體的生物這種觀點。

就像征服印加帝國的法蘭西斯科·皮薩羅（Francisco Pizarro）軍隊騎著馬的士兵，在美洲印地安人的眼中，恰巧正是半人馬般的模樣。然而這說明也太過於合理，對我來說是挺可疑的。

不如說是不是古代人純粹樂在發揮想像力之中呢？我倒是沒這種感覺。

例如中國有部據信完成於西元前四世紀左右，自江戶時代起也在日本廣為流傳，可謂古代怪物誌的《山海經》，有趣的是，這部自古以來流傳的《山海經》插畫中，出現許多非常類似傘足人、狗頭人等等，棲息於國境之外遙遠國度的畸形人類圖樣。其中也出現了相當類似於刻在威澤雷教會石塊上的帕諾第、巨大耳朵下垂的種族。沒有頭部，眼睛鼻子長在胸口的無頭人等圖案，可說與歐洲的無頭人相似到驚人。

看樣子在即使接觸到不同民族與文化卻無法隨心所欲溝通的黑暗時代，世界某處充滿好奇心的民眾仍會用想像力描繪出如此畸形的人類。

那與後世學者想盡辦法硬要提出合理的說明等等一概無關，可說是是人類想像力自由發展的結果。我們或許能稱之為神話般的想像力。

書目註記

1. L'art religieux du XIIe siècle en France, Émile Mâle, 1966.
2. Indica, Megasthenes.
3. De mirabilibus mundi, Gaius Julius Solinus, 3th C.
4. City of God, Augustine, 413.
5. Cosmographia, Sebastian Münster, 1544.
6. Cronica Boemorum, Giovanni de' Marignolli, 12th C.

挪威海妖克拉肯
與塔佐蠕蟲

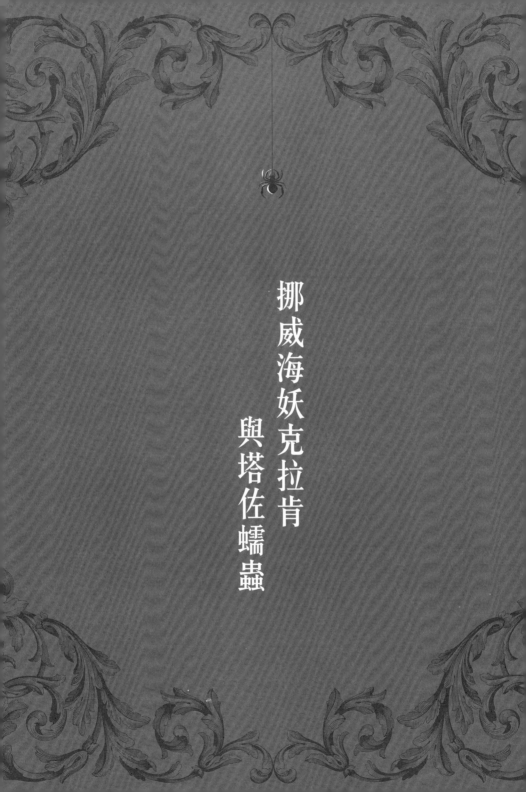

有種如尼斯湖水怪、喜馬拉雅山雪人一樣古老，部分人類相信實際存在已久的怪異動物。不用說，在古代及中世紀也有人相信獨角獸或半人馬的存在，倒不如說，神話世界中的動物應該排除在外。我接下來要介紹的，是更現實且搞不好真的實際存在的動物。

例如有種人們相信棲息於北極之海中，或許是巨大章魚，被稱為克拉肯（Kraken）的動物。很久很久以前，克拉肯的傳說便由喜歡冒險的航海家口耳相傳下來。

話說回來，託這位神學家的福——艾瑞克．龐托皮丹——身為卑爾根主教同時也是哥本哈根大學代理校長的丹麥人，讓該傳說一舉成名。他在一七五二年出版了大作《挪威博物誌》[1]二卷，其中大量出現棲息於北極海的怪異動物，也包含了挪威海妖克拉肯在內。以下引用龐托皮丹的敘述：

「巨大的怪物浮出海面，展露其姿態。牠絕對不會露出整個身體，人類的眼睛無法見到其全貌。牠的背部或者說上側周圍甚至有一哩半，乍看之下，牠身上卡著海藻之類搖來晃去的漂流物，令人以為聚集了眾多小小群島。接近海面的地方到處皆是如沙洲一般的部分，上面總是有各個種類活跳跳的小魚。」

「後來還出現好幾個又滑又黏的角狀突起，從水面高高舉起的同時也逐漸變得粗大。那些突起物有時會變得跟中型船隻的桅桿一樣又高又粗，讓人以為是動物的手臂。如果被那些手臂抓住，再巨大的軍艦據說都會被拖進海底。」

讀了這些描述，我們可以輕鬆聯想到其中造成問題的怪物應該是一種巨大的章魚。然而根據接下來的文字，龐托皮丹本身並不認為那種怪物是章魚：

「這種巨大的海怪，恐怕應該分類為水螅為或海星一類。牠的身體隨心所欲伸展的部分被稱為角或手臂，不過其實那是觸手，用來碰觸感知的道具。牠會用觸手來移動與進食。」

龐托皮丹的解說寫著更加奇怪的事情。也就是據說克拉肯會散發強烈的香氣吸引魚群再捕食。此外，克拉肯會好幾個月不排泄地進食，反過來說，要排泄時則會好幾個月都不吃東西拼命排出糞便。然後那些散落在海面的糞便似乎有著吸引魚群的香味——或許克拉肯的糞便會發出香味的傳說，與產自抹香鯨腸道所謂的龍涎香有部分混雜在一起。

克拉肯還有一個應該介紹的特徵，那就是這種動物絕對不是什麼危險的怪物。如果接觸船隻當然會很危險，不過這種動物似乎並不如龍族或海蛇那般兇殘會隨便襲擊人類。牠就像個漂浮的小島，人類能走在上面，甚至有船伕在上面生火。「世間所謂的浮島，全都是克拉肯」，龐托皮丹甚至如此斷言。

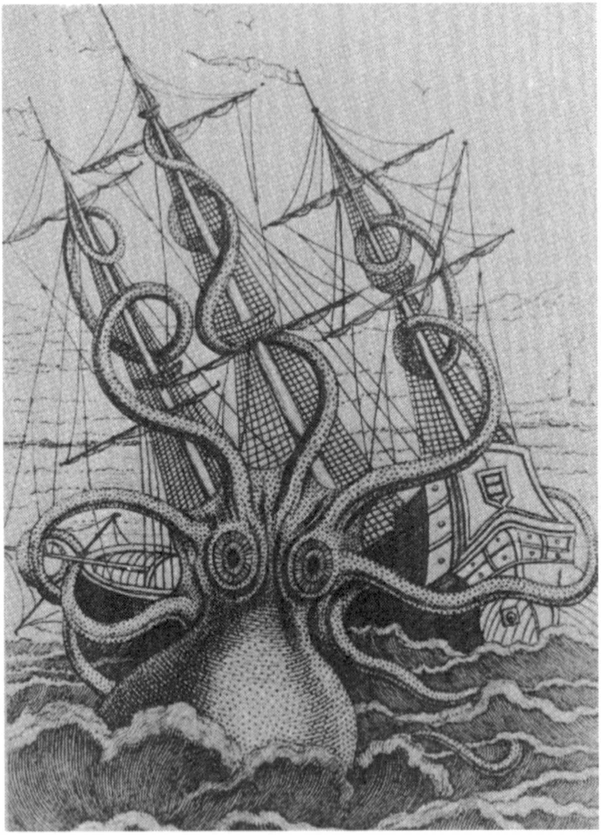

圖4　挪威海妖克拉肯

如果所有浮島都是克拉肯，那麼不僅北極海，世界上所有海洋與湖泊都必將出現克拉肯，然而看起來龐托皮丹一樣不在意這種理論上的矛盾。不如說這種情況下，克拉肯有如鯨魚一般經常出現在航海傳說中，也看得出來被拿來用在浮島神話上了。中世紀航海傳說的主角──愛爾蘭的聖者布蘭登（Saint Brendan）在鯨魚背上舉行了彌撒，除此之外還有許多將鯨魚視為浮島的故事。

以結論來說，克拉肯與人魚、賽蓮、大海蛇等可說是自古以來船員之間蔚為話題、想像中的海洋怪獸之一。至於牠的實體究竟是什麼，自龐托皮丹以來有各種說法。

有人說克拉肯是水母的一種，有人說牠是海星，也有人說是俗稱「美杜莎之頭」，學名為「*Astrophyton muricatum*」的巨型陽隧足海星。然而不論水母或海星，應該都很難想像會變得如浮島一般巨大。

真是這樣嗎？想到這點，還有個說法猜測克拉肯是被打上斯堪地那維亞、阿拉斯加或南太平洋諸島海岸，觸手長十公尺、體重約十噸的巨型大王魷魚。

最後這個說法會不會是最接近克拉肯實體的呢？剛好順便來回憶一下那個有名的尼斯湖水怪是否也是魷魚的說法。

還有一種我絕對要介紹給各位的動物，那就是自古便被視為實際存在、據說棲息於提羅爾邦或瑞士高地，被稱為塔佐蠕蟲（Tatzelwurm）的爬蟲類。雖然與克拉肯天差地別，不過牠也是因為傳說而聲名遠播。

日本也有人相信在本州、四國、九州的山地中，棲息著體型短小，被稱為土龍（或槌之子、野槌蛇、地靈子、槌子蛇等等）的夢幻之蛇，曾經引起軒然大波，對我而言，歐洲的塔佐蠕蟲說不定也是種相當接近土龍的動物。

只不過土龍沒有腳，但是塔佐蠕蟲卻長著四隻小腳。是說塔佐蠕蟲的「Tatze」在德語中原本就意為動物的前腳、爪子；而「wurm」則意為蟲子（蛆蟲或爬蟲類都包含在內），所以塔佐蠕蟲「Tatzelwurm」如字面所示，是「長了腳的蟲子」。

那麼，說到為什麼塔佐蠕蟲很類似土龍，是因為兩者的外形都很粗短，看起來就像是條短小的蛇。根據瑞士獵人的目擊資訊，據說牠的身體上有如雪茄般粗短的鱗片，腳已經完全退化萎縮；尾巴非常短，根本像是被切斷一般；而身長達六十公分，聽說也會像蛇一樣發出咻咻的聲音。

對我而言，前述目擊資訊出現「如雪茄一般」的形容實在很有趣。見過土龍的人是說「像啤酒瓶一樣」，這也很好玩。

這麼說來，根據眾多日本目擊者的觀察，土龍身長也有三十或者八十公分，尾巴細短，會從鼻孔發出氣音，叫聲類似老鼠。兩者的共通點很多呢！

而且據說塔佐蠕蟲有劇毒，被咬到馬上就會死亡，很恐怖，甚至有人猜測牠是不是棲息於北美沙漠中的一種蜥蜴。土龍也是，居住在日本山地的人都熟知並畏懼牠那種如蝮蛇般的劇毒。

我默默地認為，土龍與塔佐蠕蟲身為傳說怪獸的有趣之處在於，即使牠們確實有可怕的一面，但不知為何，牠們存在本身便帶了種幽默。也就是說，牠們屬於所謂不好看、愚蠢、糊塗卻又惹人憐愛的怪獸類型。所以即使人們恐懼牠們，卻也喜愛牠們。這點我想喜馬拉雅山雪人或尼斯湖水怪也是同樣的道理。

書目註記

1. The Natural History of Norway, Erik Pontoppidan, 1752-1753.

渡渡鳥

所謂絕種動物，不知怎的，總會勾起我們浪漫的幻想，恰如失落的大陸與毀滅的文明無窮盡地刺激著我們的想像力。

即使簡單說是絕種動物，在史前時代或開創歷史以來，種類無可計數，比方說還有在古生代寒武紀繁榮興盛的三葉蟲、在中生代白堊紀為全盛時期的菊石等等，大家耳熟能詳的化石動物。不過接下來我要介紹的不是那種未曾接觸過人類的古早動物，而是人類寫下歷史以來，**在人類眼前**滅絕的動物。

以前在馬達加斯加島上，據說棲息著可能是《天方夜譚》中大鵬鳥傳說《馬可波羅遊記》[1]中曾寫到「牠可用鳥爪輕鬆抓起大象」）的起源——身高高達五公尺的隆鳥（*Aepyornis maximus*）；此外在紐西蘭也有非常類似鴕鳥、身高巨大達三公尺以上，所謂的恐鳥（moa），兩者都是沒有飛行能力的鳥類，不知是否因為如此，據說兩百年或三百年前就絕跡了。

看過《愛麗絲夢遊仙境》的讀者，應該還記得故事中向愛麗絲與動物們提議會議賽跑這種奇怪競賽，稱為渡渡鳥的鳥類吧！這種鳥類其實並非作者路易斯·凱洛的發明，而是實際存在的鳥。不，正確說來，是**曾經**實際存在過的鳥。不知是不是因為牠不會飛，所以成了人類或野獸的食物，終至死亡滅絕。

攤開世界地圖，馬達加斯加島的東方、西南印度洋上有著所謂的馬斯克林群島，這是被珊瑚礁包圍的火山島，由西往東依序為留尼旺島、模里西斯島以及羅德里圭斯島。一五〇八年，葡萄牙人剛發現印度洋航線不久，佩德羅．馬斯卡雷尼亞斯（Pedro Mascarenhas）船長便發現這三個小島，並以自己的名字將其取名為馬斯克林群島。當時群島還是無人島，是個上面只棲息著類似火雞、體型矮胖，像渡渡鳥這種鳥類的和平島嶼。

之後到了一五九八年，荷蘭東洋派遣艦隊司令官雅克布．范．內克（Jacob Cornelisz van Neck）率領的軍艦到來，開始在這島上殖民，並以荷蘭省督拿騷伯爵毛里茨（Johan Maurits van Nassau）的名字，將最大的島嶼命名為模里西斯島。

內克提督想說，如果將成群棲息在這座島上、走路搖搖晃晃的胖鳥——渡渡鳥帶回祖國的話，想必會很有趣吧！就這樣，據說一五九九年時第一隻渡渡鳥抵達了歐洲。

話說回來，渡渡鳥之所以在十七世紀歐洲知識分子之間一舉成名，我默默地想，會不會是拜位於布拉格的魯道夫二世宮廷所賜呢？

眾所周知，當時的天文學家、煉金術師、博物學家、藝術工藝家等知識分子雲集於哈布斯堡家族的魯道夫宮廷，甚至有人認為此處是歐洲知識的中心地，在皇帝魯道夫的庇護下，使得所謂矯飾主義時代的文化大為興盛，而這座布拉格宮廷的動物園於一六〇〇年時，收容了從模里西斯島送來的第二隻渡渡鳥。

圖5　羅蘭．薩韋利畫的渡渡鳥

魯道夫是對蒐集動植物擁有異常熱情的皇帝，動物園中除了渡渡鳥，還聚集了新大陸的各種鸚鵡、新幾內亞的天堂鳥標本、摩鹿加群島的鶴鴕（食火雞）等稀有鳥類。渡渡鳥在這座魯道夫的宮廷中沒多久便成為荷蘭人或德國人動物畫家的新寵兒。

我曾經在矗立於布拉格山丘上、城堡區宮殿的國立美術館中，發現無數幅只描繪動物圖樣的畫作，作者皆是羅蘭·薩韋利（Roelant Savery）這位不可思議的畫家，這令人感到很有趣。其實這位出身比利時的宮廷畫家薩韋利，似乎特別喜歡渡渡鳥，雖然我沒有親眼見識到，不過聽說他總計畫了渡渡鳥八次之多，真令人吃驚。如此受到重視的渡渡鳥，之後肯定也有進口，聽說最後一隻在布拉格存活到一六八一年。

渡渡鳥這種鳥類長相很奇特，的確會引起畫家的興趣。牠的羽毛為灰色，翅膀退化無法飛行，腳短，體型比火雞略為肥大，圓滾滾的身體在地上走起路來搖搖晃晃。渡渡鳥鳥嘴巨大，如鷲鳥般呈鈎形，如果敵人逼近，牠會用鳥嘴啄人防身，但沒有多大的威力。牠的頭很圓，像戴了頭盔一般。

如今透過羅蘭·薩韋利的版畫，我們得以輕鬆想像這種鳥類笨拙的姿態。畫《愛麗絲夢遊仙境》插圖的約翰·坦尼爾（John Tenniel）或許也參考了這幅薩韋利的版畫。

渡渡鳥沒有飛行能力，走路也是慢吞吞的，要捕捉牠毫不費力。再加上體型大，一隻就能做成二十人份的糧食。荷蘭的移民一波接一波地抵達模里西斯島上，粗暴的男性單方面撲殺渡渡鳥，帶著戲謔的心情進行虐殺。船中有狗、豬隻、老鼠，這些動物也被放到島上繁殖，與人類一起迫害渡渡鳥。一隻渡渡鳥的肚子裡只有一個蛋，所以如果狗與豬隻吃了鳥蛋、老鼠咬死了雛鳥，渡渡鳥的個體數量便會迅速減少。因此發現模里西斯島百年後，上面連一隻渡渡鳥都不剩了。

在同為馬斯克林群島的留尼旺島上，也有種種類稍有不同，但還算是渡渡鳥同類的白渡渡鳥。也就是說，這種白渡渡鳥全身為帶點黃色的美麗白色，只有翅膀前端是黑色。牠的命運一樣，在同個時期絕跡了。

在第三個羅德里圭斯島上，則是有種頸部與腳很長、鳥嘴沒那麼大，稍微長得不一樣的渡渡鳥。牠們不是群居的，所以這種渡渡鳥被稱為「獨居者」(solitaire)。然而這種渡渡鳥也在十八世紀末期滅絕，如今只殘留被挖掘出的骨骸。這實在是個很殘酷的故事，不得不說，如此損失令人感到遺憾。

十七世紀身處魯道夫宮廷的畫家並未對這種鳥類展現多少興趣，所以要復原只留下骨骸的渡渡鳥，對動物學家而言也是難如登天。

之所以取渡渡鳥這種奇妙的名字，可能是因為牠的叫聲。此外，自從發現以來，這種鳥要如何分類，也讓眾多動物學家傷透腦筋。於十七世紀初逝世的法國博物學家夏祿洛・德・雷奎斯（即卡羅盧斯・克盧修斯，〔Carolus Clusius〕）仔細研究了暫住在布拉格哈布斯堡家族宮廷中的渡渡鳥，推測牠是「介於鴕鳥、天鵝與禿鷹之間」的種類。

一開始鴕鳥說似乎最為有力，就連那位有名的林奈也主張渡渡鳥是鴕鳥的一種。之後有人主張渡渡鳥是鶴鴕、鷸鳥及朱鷺，甚至出現主張渡渡鳥是企鵝的人，不過從十九世紀後半開始直到現在，主張渡渡鳥是鳩鴿類的說法似乎變成主流。這麼說來，「渡渡」這種叫聲是不是很像鳩鴿類呢？我最近聽說出現了渡渡鳥會不會是最接近秧雞的說法，看樣子事到如今，仍舊沒個確切的學說。

渡渡鳥的學名「*Didus ineptus*」，意思為「蠢笨的渡渡鳥」，在日本好像也會用「愚鳩」一詞來稱呼，不過我跟路易斯・凱洛一樣，情不自禁地喜愛著這種已經絕跡的鳥類。

書目註記

1. Le livre des merveilles, Marco Polo, 1299.

蜘蛛傳說

十七世紀的英國文人湯瑪斯．布朗爵士是當代數一數二的文體家（stylist），也是我最喜歡的散文家之一，在他的著作《醫者之信仰》[1]這本書第十五章裡，寫著有趣的內容：

「『大自然沒有一點無用的事物』是哲學方面唯一明白的公理。自然界中沒有任何怪誕之處，也沒有為了填補空虛或無用空間而製造出來的物體。即使是最不完整的生物，像是沒有受到諾亞方舟保護的生物。如果是種子與本質留存在大自然的母體內、生存於陽光普照地方的生物，便能在其身上發現神乎其技的智慧。所羅門王也選擇了這種動物作為崇拜的對象。實際上，怎麼會有理智的人不去學習蜜蜂、螞蟻或蜘蛛的智慧呢？是怎樣睿智的手段透過了這些動物，展現連理智都無法教導我們的事理呢？頭腦簡單的人必然會讚嘆大自然的不可思議，也就是讚嘆鯨魚、大象或駱駝。我同意這些是大自然創造出的大型鉅作。然而在前者細小的機關中，更蘊含著稀有的數學，前者精巧的群體文化更能純粹證明創造者的智慧。與其讚賞雷喬蒙塔努斯＊製作的雄鷹，人類不更應該讚賞蠅蚋嗎？」

前面引用了一大段，不過閱讀這段文章之後，便可充分了解反映出當下時代精神，並與帕斯卡一同畏懼無窮盡宇宙的布朗有多麼熱愛大自然、多麼受到大自然中的微小生物所吸引。比起鯨魚、大象、駱駝之類巨大到無以復加的動物，他似乎更喜愛蜜蜂、螞蟻、蜘蛛這種展現出既微小又精巧機轉的動物。

順帶一提，在布朗文章最後出現的雷喬蒙塔努斯是十五世紀德國的機械學家，他會製作各種運用機械原理活動的動物，其中最有名的就是雄鷹，據說他曾經讓這隻雄鷹飛給馬克西米利安皇帝看。此外他也做了鐵製的蒼蠅，聽說這隻微小的昆蟲發出了拍翅膀的嗡嗡聲起飛，然後又飛回他手中，可說是遙控裝置的始祖。

那麼接著來介紹布朗喜歡的小動物——尤其是螞蟻，因為昆蟲界中我也最喜歡螞蟻了。

自古以來，螞蟻因為其集體行動與源源不絕的勞動，成為組織社會生活的標誌，大家都知道吧！螞蟻也代表了勤勉、儲蓄、預知能力，甚至象徵著利己主義、貪婪等等。基督教在古老所羅門王的《箴言》（第六章）中已有「懶惰之人啊，去觀察螞蟻的舉動便可獲得智慧」的文字，中世紀的《動物誌》也一概將螞蟻視為有智慧的動物。西塞羅（Marcus Tullius Cicero）及普魯塔克（Plutarchus）也都認同螞蟻的美德與知性。

希臘神話中密爾米頓人（螞蟻人民之意）的由來我覺得很有趣。

＊約翰尼斯．彼得．繆勒（Johannes Peter Müller）筆名為拉丁文「Regiomontanus」，為德國數學家、天文學家和解剖學家，生理心理學的創始人，實驗生理學之父。其曾經用木頭和鐵製成機械鷹，並在一七〇八年出版的《The mathematical and philosophical works of the Right Reverend John Wilkins》說明機械鷹的飛行原理。

圖6　螞蟻與大象
出自《尋愛綺夢》2

宙斯與水妖精埃癸娜（Aegina）生下希臘英雄艾亞哥斯（Aiacos），艾亞哥斯到了薩洛尼卡灣中與母親同名的埃伊納島上，發現島上的居民因為疾病全部死亡，後來他拜託神明將大量群居在這座島上的螞蟻變成人類，收為自己的部下並統御這座島。這些螞蟻人便是密爾米頓人，他們追隨阿基里斯，後來甚至遠征到特洛伊。

更有趣的要屬密爾米頓人的女孩——克莉特麗絲（Kleitoris）的軼事。

由於克莉特麗絲這女孩實在太過嬌小，好色的宙斯為了誘惑她，不得不變身成螞蟻。

宙斯為了誘惑麗達（Leda）變成天鵝、為了將歐羅巴公主（Europa）搶到手變成公牛，這些大家耳熟能詳，不過似乎不太知道宙斯變成螞蟻的事。話說回來，希臘語的克莉特麗絲如果翻譯成我們使用的現代語言，指的是陰核（clitoris）。螞蟻與陰核，應該非常適合拿來當成性心理學的分析主題吧！

前面提到阿基里斯當上密爾米頓人的國王，率領他們遠征到特洛伊，而阿基里斯的弱點眾所周知是在腳跟。對了，拉封丹的寓言中，也寫到螞蟻為了救鴿子，咬了拿著獵槍的獵人的腳跟。螞蟻與腳跟，說不定這也能當成精神分析的主題。

湯瑪斯・布朗將螞蟻視為「精巧的機關」由衷讚賞，然而人類對小物的想像力似乎絕對不會僅止於此，其中也有將螞蟻幻想得很巨大的人。所謂巨大的螞蟻，也就是語詞矛盾，不禁覺得能夠想出這種矛盾的存在，看樣子人類的想像力可不是那麼簡單的。

自希臘歷史學家希羅多德以來，棲息於印度的巨大螞蟻傳說便透過索利努斯、老普林尼、史特拉波等博物學家流傳下來。以下來引用一些老普林尼《博物誌》（第十一卷第三十六章）中的內容：

「在稱為達爾代的北方印度人國家（大概是今日的達迪斯坦附近），有種螞蟻會從土地裡挖出黃金，搬運到洞穴中。這種螞蟻有著貓的顏色，大小類似埃及狼。印度人會趁著夏天螞蟻躲在巢中避暑的時候，見機偷走螞蟻在冬天挖到的黃金。然而聞到味道的螞蟻會迅速追來，即使騎著腳程快的駱駝逃跑，也會被追上咬死。螞蟻就是如此腳程快速、兇殘，而且最愛黃金了。」

而希羅多德的描述稍有不同，他寫這種螞蟻「比狗小但比狐狸大」。無論哪種描述，都是如怪物般的巨大螞蟻。根據學者的說法，其實這並非螞蟻，而是在地底築巢的貂或天竺鼠之類的動物，被誤以為是螞蟻而傳到歐洲了吧！

另一方面，可想見挖掘土地裡黃金的螞蟻傳說說不定是衍生自印度史詩《摩訶婆羅多》等處，因為沙金或塊金又被稱為「螞蟻黃金」（pipīlikā）。

螞蟻還有許多奇奇怪怪的故事，比方說在中世紀動物誌登場又稱為「Myrmecoleon」的怪獸。希臘語中「myrmex」指的是螞蟻，「leon」指的是獅子，所以說不定可以稱之為蟻獅。亞歷山大時代的博物誌《自然學家》（Physiologus）中寫道：

「蟻獅的父親是獅子的樣子，母親是螞蟻的樣子。父親吃肉，母親吃草。然後牠們生下蟻獅，這後代為父母的結合，身體前半的樣子為獅子，後半為螞蟻，所以牠既不能像父親一樣吃肉，也不能像母親一樣吃草，因此餓死。」

要說這種怪獸感覺蠻可憐的，不過反過來想一想，雌馬與公驢子結合生下的騾子等生物也沒有生殖能力，只能存活一代就滅亡，或許這就是雜交後代的悲慘宿命。

再者，福婁拜的《聖安東尼的誘惑》中也寫到蟻獅「前半是獅子，後半是螞蟻，生殖器逆接其上」。這究竟是怎麼回事啊？

最後簡單說一句，在歐洲語言中，一般提到蟻獅的話，指的是昆蟲的蟻蛉或是其幼蟲。

這種實際存在的昆蟲與幻想怪獸的蟻獅究竟有何關係呢？我毫無頭緒。

書目註記

1. The Religion of a Physician, Thomas Browne, 1643.
2. Hypnerotomachia Poliphili, Francesco Colonna, 1499.

斯芬克斯

希臘的斯芬克斯與埃及的斯芬克斯完全不同，先從埃及的開始介紹吧！

在埃及，原本芬克斯指的是長著人臉（男性）與獅子軀體的怪獸。著名吉薩金字塔群附近的大斯芬克斯是最古老的樣貌。將皇帝的肖像放在獅子的軀體上等行為可能會被認為有極度不敬的傾向，不過獅子在埃及是王權的象徵，也被視為聖獸，絕對沒有絲毫不敬或不妥。

雖然這具斯芬克斯如今因為風化而少了鼻子、皇冠掉落、失去王者的威嚴，只不過是個高約二十公尺的巨大石灰岩雕像，然而一想到五千年前的盛世時這張臉上面塗著濃郁鮮豔的紅褐色，便可想像得出那有多麼地詭異。斯芬克斯那面朝著遙遠的地平線、謎一般的視線，究竟在訴說著什麼呢？

關於吉薩大斯芬克斯的各種傳說流傳著，不過這邊先介紹矗立於斯芬克斯往前伸的雙腳間那塊花崗岩石碑吧！這塊石碑是第十八王朝的圖特摩斯四世所建造的，上頭雕刻的碑文可讀出以下的故事：

圖特摩斯四世在即位之前的某天因為打獵累了，跑到斯芬克斯的附近睡午覺，夢中太陽神哈爾馬基斯（希臘語 Harmachis，意為地平線上的荷魯斯）化身的斯芬克斯現身，跟圖特摩斯四世說自己的雕像埋在沙土裡，跟他約好如果他清除這些沙土，便賦予他地面上的神之國度——上下兩埃及的支配權。然後圖特摩斯四世遵從夢中的神諭，從沙土中挖出斯芬克斯，他便按照約定成為兩埃及之王。換句話說，這可說是個因斯芬克斯而建造的石碑。

由於有這麼個軼事，吉薩的大斯芬克斯隨即被視為哈爾馬基斯的神像。在第十八王朝的時代或許是這麼解釋的，不過比這早一千五百年前建造好的斯芬克斯像，在建造好的當下究竟象徵什麼依舊不明，甚至連這塊石碑也無法斷言並非後世的贗品。

各位必須知道，埃及王朝的歷史是長到讓人昏倒的程度。總之正如我一開始所寫的，對我們而言，遵從學者的說法認為這個斯芬克斯是卡夫拉法老的肖像便足夠。

話說回來，並非所有埃及的斯芬克斯都是法老的雕像。希羅多德在《歷史》第二卷第一百七十五章中使用了「androsphinx」（人頭斯芬克斯）一詞，可想見是為了與羊頭斯芬克斯、鷹頭斯芬克斯區別的緣故。換言之，也有軀體為獅子、頭部為公羊或老鷹的斯芬克斯，不用說，這些不會是法老的雕像。

以羊頭斯芬克斯著名的要屬位於卡納克神殿參道兩側，整排數十個相互面對的雕像群。公羊是身為卡納克神殿本尊的眾神之王——阿蒙．拉的聖獸。只不過這種羊頭或鷹頭的變種都是後代的產物，古埃及原本的斯芬克斯則是看起來像吉薩大斯芬克斯這類人面獅身的沒錯。

希臘人傳承了埃及人的斯芬克斯，然而奇妙的是，斯芬克斯完全女性化了。接下來介紹希臘的斯芬克斯。

圖7　斯芬克斯與伊底帕斯
希臘壺繪

埃及的斯芬克斯是雙腳往前伸、攤平俯臥的公獅子，相對的，希臘的斯芬克斯則是立起前腳、挺胸坐姿的母獅子，而且還長著美女的臉，加上胸部有一對乳房。老普林尼也在《博物誌》第八卷第三十章中列舉棲息於衣索比亞的怪獸時，將斯芬克斯寫成「胸部有兩個乳房的紅毛野獸」，似乎在強調牠是雌性。再來的不同之處是希臘的斯芬克斯有翅膀，明顯類似於獅鷲獸（Gryps，半鷲半獅子的怪獸）或哈爾琵亞（Harpyia，女首鷲身的怪獸）吧！

這麼看來，感覺頭戴王冠展現威嚴的埃及男性斯芬克斯，與乳房突出女性長相的希臘斯芬克斯之間，會不會幾乎沒有歷史性影響的關係呢？相對於希臘的斯芬克斯傳說起源被認為頂多在西元前八世紀或十世紀，埃及的斯芬克斯建造完成則居然是在西元前三十世紀，非常久遠之前。就連希羅多德的埃及旅程也不過發生在離埃及斯芬克斯建造完成很久之後的西元五世紀。

斯芬克斯「Sphinx」一詞原本是希臘語，大意為「絞殺者」。表示括約肌的英文「sphincter」也是相同語源。或許可想見是因為希臘人見到沙漠中撐過數千年歲月摧殘、年代久遠的埃及巨型雕像，發現跟自己創造出的斯芬克斯有許多類似之處，所以也將斯芬克斯這個名字套用在巨型雕像上。

斯芬克斯似乎就這樣被冠上希臘名字，喪失埃及巨型雕像原本的名字。

正如「絞殺者」一詞清楚顯示的，希臘的斯芬克斯是殘忍、邪惡陰性本質的象徵。《希臘神話中的象徵主義》[1]一書中，心理學家保羅．狄爾寫道：「半女半獅的斯芬克斯是淫蕩與邪惡支配的象徵。某類圖像中此怪獸的尾巴尖端是蛇的頭部。」

如各位所知，希臘神話中斯芬克斯在底比斯傳說的部分尤其扮演重要角色。為了懲罰沉溺於同性戀惡德的拉伊奧斯國王，天后赫拉將斯芬克斯送到底比斯，占據城市西方的岩山，牠會出謎題給經過的路人，回答不出來的人就被吃掉。解開謎題的是伊底帕斯，一解開謎題，斯芬克斯就從山崖往下跳摔死。那個謎語應該不用我特地解說了。

自佛洛伊德以來，伊底帕斯情結（Oedipus complex，戀母情結）一詞變得廣為人知，在以伊底帕斯為主角的家庭劇中，出謎題的斯芬克斯不過是個小配角，即使如此，眾多心理學家仍舊探尋著這個女妖象徵的深層意義，以下來介紹其中之一——榮格的解釋（《無意識心理學》[2]）：

「神話學中，斯芬克斯是個恐怖的野獸，顯示出來自母性衍生物的獨特特徵。」

榮格如此寫道。換言之，榮格認為，斯芬克斯是來補足柔卡斯塔（Jocasta）王后的角色，所以代表母性中恐怖的一面，也可以說是危險阿尼瑪的象徵。

導入西歐世界完全被女性化的斯芬克斯，之後成了裝飾題材留存於文藝復興或巴洛克時代的藝術工藝中。比方在提弗利艾斯帖莊園的噴泉庭院（Villa d'Este），可欣賞從突出乳房噴水的斯芬克斯雕像。

斯芬克斯的形象自巴洛克時代水漲船高，十九世紀末的頹廢時代也是，我們知道古斯塔夫·牟侯（Gustave Moreau）、奧迪隆·魯東（Odilon Redon）、王爾德等藝術家是何等喜愛這傲慢雌獸的形象。

伊底帕斯神話的雌獸形象，說不定也因此添加了反常的魅力。

書目註記

1. Le Symbolisme dans la Mythologie grecque, Paul Diel, 1952.
2. Psychology of the Unconscious, Carl Jung, 1916.

大象

提到里米尼的馬拉泰斯塔（Malatesta），也就是文藝復興時期惡名昭彰的傭兵隊長家族，其中最出名的是西基斯蒙多（Sigismondo Pandolfo Malatesta），隊長布克哈特（Jacob Christoph Burckhardt）早早便已打包票，說他犯下了任何你想像得到的罪。有趣的是，據說馬拉泰斯塔家族的家徽正是大象。

例如在切塞納馬拉泰斯塔家族城堡的圖書室入口處有兩頭大象，旁邊還刻著「印度象不畏懼昆蟲」的奇妙銘文。這大概是出自老普林尼《博物誌》的軼事，據說大象會夾緊背部皮膚的皺褶，來殺死停在其上的昆蟲。不用說，我們當然不清楚實際上大象是否會做出如此靈活的舉動。

老普林尼寫著：「牠們的皮膚上有菱形的紋路，其體臭會引來昆蟲。那麼，當昆蟲一停在伸展開的皮膚上，牠們就迅速縮起皮膚皺褶，擠扁位於皺褶之間的昆蟲，再拿這些代替尾巴、鬃毛、體毛。」

再者，西基斯蒙多除了妻子之外，還溺愛名為伊索塔的美少女，從她還在世的時候就替她在聖方濟各教會中建造大理石製的豪華墳墓，而支撐這墳墓石棺的也是兩頭大象。年輕情婦尚且健在，便早早建造埋葬情婦用的墳墓，不得不說是種奇怪的心理。而且說到支撐該石棺的是大象，也感覺愈來愈像是謎團。

不過大象這種陸地上最大的動物，自古以來就被認為是背上支撐著某種碑石的動物。接下來稍微詳細介紹東方起源的大象象徵性。

印度神話中，一提到大象首先就會想到是支撐宇宙的動物。這點跟神話中背負著世界的烏龜很類似。大象力氣很大不用說，而且大象支撐著巨大、呈球狀身體的四隻腳也看起來宛如宇宙的支柱沒錯。

支撐世界的大象在印度是國王的坐騎，尤其是天界國王因陀羅的坐騎。

因此即使大象本身並非王者，卻是王者之力的象徵，不單單只有力量，牠也具備沉穩的穩定性，甚至是知識、細緻等等的象徵。據說摩耶夫人夢見白色小象進入體內，後來生下釋迦摩尼。濕婆神的兒子、象頭的印度教神明——迦尼薩身材肥胖矮小，挺著大大的肚子，坐在老鼠背上。祂雖然風格怪誕，是個平民之神，但因為長個象頭，所以祂也是學問及文藝的保護者。

亞歷山大大帝遠征到印度，與波羅斯國王的大象軍團戰鬥時，首次見識到大象戰車恐怖怪力的歐洲人，自此之後終於從東方學習到大象可作為戰車亦可作為交通工具的觀念。當作交通工具的大象並非絕對是支撐宇宙、神話般的動物，然而歐洲的畫家卻隨自己喜好畫出大象背上載滿士兵、支撐著要塞般巨大建築物的圖。為了強調大象的巨大，所以將大象畫成背上扛著有槍眼的城堡或塔，甚至扛著整個城鎮，如山一般的動物。中世紀的細密畫中經常可見到這類大象的圖畫。

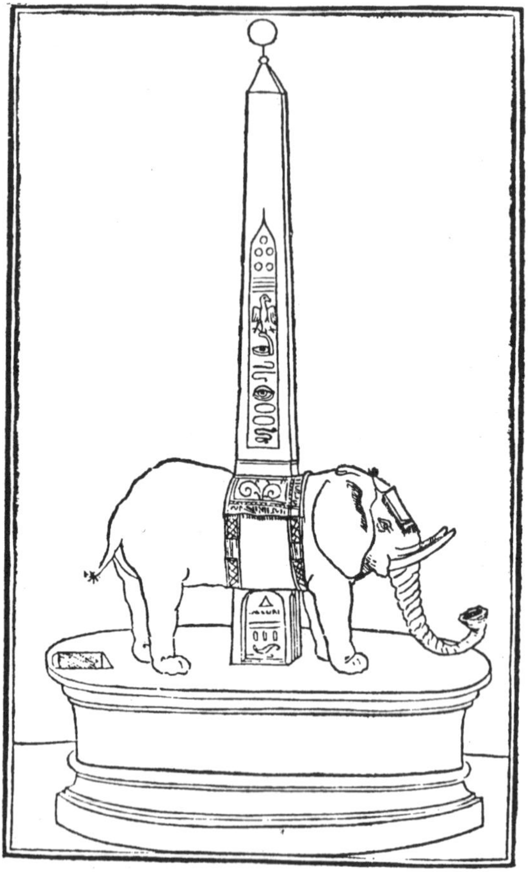

圖8　背負著方尖碑的大象
取自《尋愛綺夢》

到了羅馬時代，迦太基將軍漢尼拔的大象軍團跨越庇里牛斯山入侵法國南部，我想大家都知道吧。

從之後歐洲人對待大象的方式，也能看出這如何刺激他們的想像力。換句話說，不知何時大象在歐洲也成了勝利、凱旋的象徵。一二三七年，弗里德里希二世讓大象拖著從米蘭軍搶奪來的戰車，進入北義大利的克雷莫納城。大象戰車上有一座木製的要塞、一團喇叭手，還飄揚著皇帝的軍旗。

我曾在《胡桃中的世界》（河出文庫）介紹過，十五世紀道明會修道士弗朗切斯科．科隆納的著作《尋愛綺夢》中，也出現了背負著方尖碑、不可思議的大象插圖。如此一來，大象與其說是交通工具，不如說是宇宙的支撐物更好。一六六七年，雕刻家貝爾尼尼（Gian Lorenzo Bernini）在羅馬的彌涅耳瓦廣場替教皇亞歷山大七世建造紀念碑，而這也是採用實際大小的大理石製大象來背負細長的埃及方尖碑。如今羅馬街頭依舊能欣賞到這塊紀念碑。

仔細想想，大象圓潤的身體與前端呈方錐狀的方型方尖碑組合起來異常地協調，產生了某種難以言喻的美感也說不定，或許可說是種不穩定的危險協調。據說西西里島的卡塔尼亞市也有塊紀念碑立於大象背部之上，類似貝爾尼尼所建造的方尖碑。

象徵性的部分先說到這為止，接著介紹中世紀動物誌中經常出現的各種大象特性。

大象被視為喜好孤獨、聰明的野獸，而中世紀的動物誌更讚揚其貞潔。母象懷孕時（實際懷孕期間不滿兩年，但有人認為長達九年），公象絕對不會接近其他母象。也就是說，大象堅守著一夫一妻制。埃米爾·馬勒在《法國十三世紀之宗教藝術》[1]中，介紹了以下軼事：

「根據古代傳說，大象是野獸中最冷感的動物，如果不食用曼德拉草，公象便無法與母象交配。母象在太陽升起時，會為了摘取植物自己走進森林，再把摘到的植物給公象吃。然後兩隻大象終於湧上欲望、交配。」

基督教的動物誌作者找出這段軼事的隱喻，認為大象夫妻正是樂園中的亞當與夏娃，而曼德拉草則象徵著夏娃給亞當的蘋果。原來如此，真是了不起的理由。

大象的愛情生活似乎蠻能勾起中世紀人的好奇心，甚至有更多奇妙的軼事流傳下來。

這些軼事提到，大象順利交配後，母象會連乳房都浸泡在河中，然後在水中生下小象，這是為了等著讓小象吃奶，同時躲避恐怖天敵——龍的襲擊。十三世紀學者大阿爾伯特（Albertus Magnus）也提過，大象夫妻會用心良苦地在水中交配。

大象究竟為何在水中交配、在水中產子，中世紀的人曾經在腦袋裡想像過如此奇妙的事情。雖然完全難以理解，不過還有個珍貴稀有的傳說，以下介紹給各位：

傳說亞里斯多德否定，但西西里島的狄奧多羅斯、史特拉波、塞維亞的聖依西多祿都相當認真主張的事情之一——那就是大象的腳沒有關節，既然沒有關節，無法彎曲膝蓋，就必須伸著棍棒般的腳，站立著靠在樹上睡覺。如果大象睡覺時，人類拿著斧頭悄悄靠近、砍倒樹幹，大象就會直接跌倒在地上，無法再爬起來。

觀察現實中活生生的大象，一眼就能知道牠的腳部有沒有關節，會寫出這種奇幻軼事的古代或中世紀博物學家，恐怕沒親眼見過大象吧，真可謂是「盲人摸象」。

書目註記

1. L'Art religieux du XIIIe en France, thèse pour le doctorat ès-lettres, Émile Mâle, 1899.

毛毛蟲與蝴蝶

少彥名乘著蘿藦草果實的殼做成的船，穿著從蛾身上剝下的皮製成的衣物，偶然漂流到出雲的海岸後，成為該地支配者——大國主的左右手，協助祂建造出雲之國，最後見到任務完成，爬上一枝小米的莖稈，藉由莖稈的彈力彈飛至常世之國。在眾多神明登場的日本神話中，從我小時候起，便最喜歡這位名為少彥名的迷你神明。

要說為什麼會喜歡祂，因為穿著昆蟲皮的迷你神明形象實在太像童話，完全是我的喜好，而且在世界上所有的神話中，不覺得祂的地位很獨特嗎？

少彥名這位神明以往對眾多的神話學家或民俗學家而言，有的認為祂是大國主「另我」（Alter Ego、第二自我）的靈魂；有的認為祂是來自異鄉的神聖訪問者（也就是「稀人」）；或者以當時農耕文化為背景的某種穀物靈，各種解釋都有。不過我最近透過日本文學家益田勝實先生的新解釋（《講座古代學》所收錄的〈古代的想像力〉），體會到如「茅塞頓開」*字面所示的意義，也可說嘗到心胸舒暢的快感。

根據《日本書紀》的記載，大化革新前一年，在東國富士川一帶相當流行祭拜所謂的常世之神——一種棲息於橘柑樹上的蟲，這種風氣甚至往西蔓延到都城，而在益田先生的假說中，這種橘柑樹的小蟲神，恰巧正與少彥名是同一個神明。

或許有人認為祭祀昆蟲是種相當奇怪的信仰，然而毛毛蟲的蛻變絕對會讓古代人大呼不可思議，在歐洲也能普遍見到這種情感。換句話說，毛蟲化身成蛹，最終羽化破繭而出，變成美麗的昆蟲翱翔天際，這種蛻變的過程本身就是神祕不可解的現象。

從那著名的田道間守傳說*也得以輕易窺見橘柑樹與常世之國給人緊密結合在一起的印象。因此棲息於常世之國植物的昆蟲，順勢被認為是常世之神也沒什麼好奇怪的了。根據《日本書紀》的描述，這種昆蟲長四寸多，約拇指大小，呈綠色，上有黑色斑點，形狀類似家蠶。

若就此認同少彥名為蟲神的假設，那麼這位神明最後爬上粟米的莖、彈到常世之國的傳說，也就完全符合了毛蟲爬到植物的莖上，羽化並飛離的意象，真是貼切的想法。以往的說法並非完全正確，不過最重要的是，益田先生新解釋的優點在於這種清晰明確的具象性，神明的原型具備動物意象這點意外地傑出。

話說回來，除了古代日本，放眼全世界並沒有將毛蟲視為神明的信仰，然而稍微改變一下觀點，如果考慮的不是毛蟲而是蝴蝶，似乎無法斷言沒有這種例子。

＊ 原文為「遮住眼睛的鱗片掉落」。

＊《日本書紀》記載，天皇命田道間守去常世國找尋不老仙丹「非時香菓」，尋獲回國後天皇卻駕崩了。這個「不逢時」的水果就是現在所稱的橘子。

圖9　厄洛斯抱著長著蝴蝶翅膀的少女賽姬
龐貝古城的壁畫

希臘神話中的賽姬是將靈魂擬人化的美少女，經常以蝴蝶或是長著蝴蝶翅膀的少女來呈現。這個主題非常古老，於西元前六世紀的科林斯銅像、二世紀的粗陶雕像都可見到，甚至龐貝古城的壁畫中也有。賽姬抱著的青年厄洛斯長著鳥類的翅膀，仔細瞧瞧，賽姬則長著昆蟲的翅膀。

蝴蝶的象徵在歐洲明顯也是以變態為基礎。蟲繭是蛋，黑暗的蛋中包含著存在的可能性，破繭而出的昆蟲則象徵著復活，也就是曾經死去，又復活從墳墓出來之物。無論如何，都帶有新柏拉圖派哲學家會喜歡的畢達哥拉斯輪迴思想意味。也就是，靈魂（賽姬）為了恢復了其衰弱的力量，以不同形式重生，必須經過淨化之愛（厄洛斯）的火焰燃燒才行的思想。

火焰燃燒蝴蝶翅膀的賽姬主題似乎就這麼在古代被視為復活與重生的象徵，廣泛應用於任何造型藝術中，即使之後基督教登場，也描繪、雕刻在地下墓穴的牆壁或石棺等處。在阿拉伯神祕主義蘇非派的詩中也寫到燃燒的蝴蝶是「法納」（fanā'）——與神合一，表現達成自我毀滅境地的人類意象。

基督教自十一世紀以後，似乎判斷賽姬的形象近乎異教，而將蝴蝶翅膀的意象連結到了天使翅膀，我們能在羅馬式雕刻中，見到長著蝴蝶翅膀的奇特天使身影。

如此一來，蝴蝶的靈魂擬人化意象可說完全死亡。

思考象徵復活的昆蟲為何時，我們不禁會聯想到古埃及人崇敬的聖甲蟲，以及中國秦漢時代所使用的含蟬等例子。含蟬是葬玉，也就是隨屍體一同埋葬的玉器，會放在死者的口中。蟬的幼蟲會脫殼——換言之便是所謂的蟬蛻，其中包含了復活重生的願望。據說秦漢以後，經常將從蛹變成成蟲的家蠶用於復活咒術，放進墳墓中。有時使用真正的家蠶，不過古代是使用玉製的家蠶。埃及也會將真正的聖甲蟲，或是石雕的聖甲蟲安置於墳墓。聖甲蟲突起的頭部被認為是陽光，因此這種蟲變成了太陽的象徵、不死的象徵。

此處應該提到印度思想，尤其毛蟲在奧義書中也被視為象徵輪迴的一種狀態。不用說，畢竟其幼蟲、毛蟲、繭、成蟲依序變化的過程，暗示著不僅人類有靈魂，也暗示著其他動物與植物會轉生。對一股腦尋求從輪迴中解脫的印度人而言，復活與重生的象徵說不定非屬必要。

老普林尼曾舉出「蝴蝶是從露水中誕生的」奇妙例子。以下引用《博物誌》第十一卷第三十七章部分內容：

「初春高麗菜葉上的露水因為太陽的熱度濃縮，凝結成粟米大小。接著，從中跑出一隻小蟲。小蟲伸展，甚至花了三天變成毛蟲。該毛蟲隨著日子過去長大了，包裹在堅硬的殼中，不再活動。如果不用手去觸摸牠就不會動，因為牠被一種稱為繭的蜘蛛網包住了。接著硬殼破裂，從中飛出一隻蝴蝶。」

即使老普林尼的描述平淡，昆蟲的變態仍舊激起驚豔的目光，不禁令我感受到其中凝聚著古代人詩一般的夢想。

以往我的文字敘述完全沒有區分蝴蝶與蛾，而德語或法語中兩者並無表現上的區別，從動物學來看，也頂多分為白天活動的是蝴蝶、晚上活動的是蛾，除此之外，我想告訴大家其本質上並無差異。不用說，其觸角或翅膀的收存方式有所不同，不過至少兩者並非對立對等的群體。德法語中蛾被稱為「夜間的蝴蝶」，天蛾這類巨大的蛾被視為死於非命之人的靈魂。在日本，酒家女被稱為「夜之蝶」，這說不定也含有白天是醜陋的毛蟲，到了晚上則變身為美麗蝴蝶的意思。

人魚的進化

賽蓮（Siren）一般翻譯為「人魚」，但上半身為女人、下半身為魚尾的賽蓮其實是中世紀之後才出現的，而古代的賽蓮一般是上半身為女人、下半身為鳥類的樣貌，也就是所謂的「鳥女」。

身為鳥女的賽蓮同樣是海妖，人們相信她棲息在汪洋孤島的岩石上，用美妙的歌喉吟唱天籟來迷惑水手，其鳥類外形被認為有特殊意義。日本的神話或傳說中，翱翔於天際的鳥類經常被視為脫離肉體的死者魂魄，而賽蓮也被認為是徘徊於天國與地獄之間、罪孽深重的死者靈魂，既不屬於生者的國度，也不屬於死者的國度，所以棲息於汪洋中的孤島上。

從前述觀點來看，賽蓮或許有點類似自古以來便在歐洲傳說中登場的吸血鬼。畢竟實際上，賽蓮既擁有美貌，也會獵食活生生的人類。

奧德賽聽了魔女喀耳刻的忠告，叫部下水手們蠟封住耳朵，自己則把身體綁在帆柱上，平安逃離賽蓮誘惑的歌聲，這段軼事（荷馬《奧德賽》）眾所皆知，不過似乎不太有人知道阿爾戈號的勇士是如何擺脫賽蓮危機的。接下來根據羅得島阿波羅尼奧斯的記述來介紹這件事：

正如奧德賽聽了魔女喀耳刻的忠告，阿爾戈號一行人遵從半人馬一族中賢者凱隆的預言，讓音樂家奧菲斯加入同行。船隻終於航行到賽蓮棲息的安瑟穆沙島附近，開始傳來她們坐在岩石上唱出的魅惑歌聲，水手逐漸感到手無法施力。此時奧菲斯拿起豎琴，演奏出輕快的旋律，那甜蜜的旋律壓倒賽蓮的歌聲，水手終於再度恢復力氣奮鬥。賽蓮輸了，有個說法指她們有如輸給伊底帕斯的斯芬克斯一般跳進海中。

阿波羅尼奧斯記述中的安瑟穆沙島究竟在地圖上哪個位置呢？這一向沒有明說，不過後世學者推測，說不定是在西西里島特拉帕尼外海，或者義大利西南海岸、索倫托半島外海附近。

希臘雕刻中出現的賽蓮樣貌一般是有著尖尖的乳房、會划水的腳部、長著羽毛尾巴的鳥類，眼神冷漠，口吻傲慢。到了古代末期時，賽蓮出現在稱為《自然學家》的動物誌，不過其樣貌卻類似獅鷲獸（長著鷲鳥頭部、獅子身體的怪獸），也寫著「肚臍以上是美女，肚臍以下是鳥的怪物」等等描述。

中世紀羅馬式雕刻中，賽蓮的邪惡更被誇大，到了很難說那是美女的程度，硬要說的話，比較接近醜陋的哈比（Harpy，果然還是長著女人臉孔的鳥類怪物）。即使如此，那依舊是鳥類。

要說是鳥類不過賽蓮算是水鳥，原本就具備空氣與水的要素，由此可知，賽蓮後來變成魚的身體，或許也算是必然的結果吧！產生這種變化是在中世紀，不用說，當然不知道確切的時期為何。而最初傳出人魚賽蓮故事的作家據信是一二五〇年時，出版《愛的動物誌》[1]的理查·德·福奈維爾。

他寫著：「賽蓮有三種，其中兩種是半女半魚，第三種是半女半鳥，這三種會合奏音樂，第

圖10　身體被綁在帆柱上聽著賽蓮歌聲的奧德賽
希臘壺繪

一位演奏笛子，第二位演奏豎琴，第三位則發出聲音唱歌。那旋律優美，聽到後沒有不受到誘惑的人。一旦受到誘惑的男人睡著了，她們就會殺了那男的。」

十三世紀之後，中世紀的作家大多放棄了鳥類的賽蓮，故事傳誦的是下半身為包覆著鱗片的魚尾，也就是所謂的人魚。而且此處必須要注意是，他們並不認為人魚是虛幻的存在、象徵性的動物，而是堅決相信賽蓮為實際存在的動物的。

中世紀的旅行家依自己的喜好留下在海上遭遇賽蓮的故事。

比方說創立非拉拉學院的十五世紀學者——西奧多羅斯．加薩（Theodorus Gaza），說他見過一大群人魚被打上希臘南部伯羅奔尼撒半島的沙灘。他將其中一隻放回水中，牠馬上游泳跑掉，看不見了。出生在相同時代的拜占庭學者——特拉布宗的喬治（George of Trebizond）則說過有隻人魚在海中游泳，看起來像是上半身露出水面，不過馬上又潛進水中。

那位有名的哥倫布也說他曾經在加勒比海的聖多明各附近見到三隻人魚跳躍於波浪上。不過牠們既不會唱歌，也一點都不漂亮，完全不同於希臘的傳說，所以哥倫布似乎蠻失望的。

賽蓮的故事就這樣逐漸從傳說的領域轉移到幻想畸形學的領域，也就是說，從美麗的誘惑者變化成醜陋的海洋怪物。一二二五年，斯楚拉佛姆斯所寫的冰島編年史中，人魚以「瑪爾格」（margýgr）的名字登場，也就是說：

「腰部為止的上半身是女性的軀體，長著碩大的乳房、凌亂的頭髮、短短的手臂再加上前端巨大的手部，細長的手指有如鵝類的蹼連成一片。定睛一看，她的手中正抓著魚啃食。而且這種怪物時常預言災厄降臨。如果這種怪物面對船員潛入水中，船隻將平安無事。如果是背對船員潛入水中，船員將會滅亡。」

記得文藝復興之後，出現不再美麗的賽蓮是否該轉移到畸形學領域的看法，即使如此，世界各國的民間傳說中人魚與人類之間的悲戀故事，依舊藉著庶民之口代代相傳。

正如所有的異類聯姻故事，結局必為不幸，破壞約定的男子溺水而亡，或者被拖進海底宮殿，永遠被囚禁其中等等。

德國傳說中的尼克斯（Nixie）是金色長髮的水妖精，一種不吉祥的人魚，有的會把喜歡上的男子逼到自殺。荷蘭所謂的人魚「mermaid」據說不會做出尼克斯那樣殘忍的事情，而是向照顧自己的人報恩。名滿天下的安徒生童話〈人魚公主〉等，也可視為這系列的人魚。除此之外，在布列塔尼地區或菲士蘭省也有無數類似的人魚民間傳說。

即使同樣稱為人魚，對形成這種愛上人類的人魚傳說貢獻良多的，我想或許要屬法國古老傳說中的美露莘（Melusine）了吧，說到這裡，與希臘神話中恐怖鳥類的賽蓮感覺似乎沒什麼關聯。牠並非出自地中海系的神話，而是出自日耳曼．凱爾特系傳說的人魚。順帶一提，據說美露莘是會在每個星期六將腳變成蛇的妖精，她嫁給人類男子為妻，不過那男子背叛她、戳破了她的真面目，所以美露莘一邊哭嚎一邊逃離男子身邊。

看樣子無論哪種人魚的誘惑都很色情，還有死亡的危險。

書目註記

1. Le Bestiaire d'Amour, Richard de Fournival, 1860.

林夈

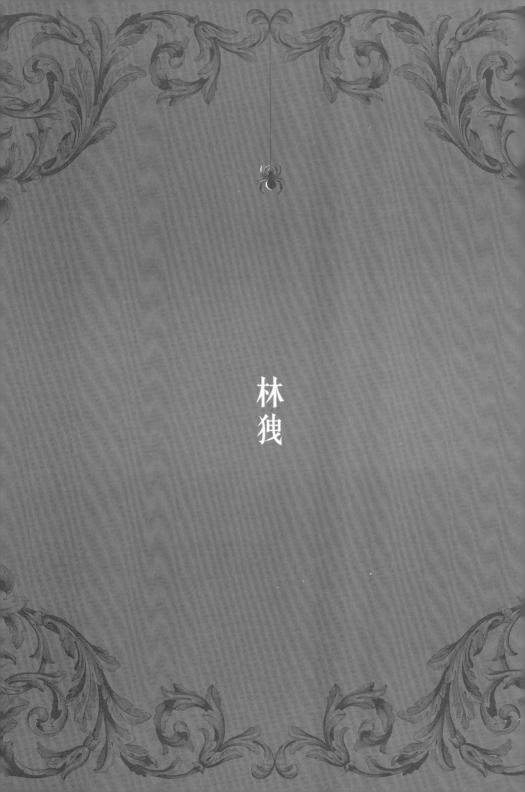

「肉體之美僅存於表面。若人類能夠如波也奧西亞的林狗看見皮膚下之物，那麼任誰見到女人都會感到噁心想吐吧！女人的魅力實際上也是由黏液與血液、水分與膽汁組合而成的。試著思考看看，究竟鼻孔裡有什麼？肚子裡藏了什麼？其中只有穢物而已。即使如此，為什麼我們仍舊想擁抱穢物袋呢？」

前述是十世紀法國修道士歐東・德・克呂尼（Saint Odo of Cluny）說過的話，懷金格的《中世紀之秋》[1]（第十一章）、沙特的《聖惹內》[2]（第四部）中也都有引用，所以算是相當著名的一段話吧！其實我從大約十多年前讀了懷金格與沙特的作品以來，就被波也奧西亞的林狗這種奇妙的動物勾起強烈的好奇心，直到現在。

波也奧西亞位於希臘中部，以雅典的觀點來看是個鄉下地方。據說棲息於此處的林狗（拉丁語為lynx）擁有宛如X光能看透一切遮蔽的銳利視線，如此傳說似乎在歐洲流傳已久，古代或中世紀作家的文章也經常出現。比方說十三世紀布魯內托・拉蒂尼*曾表示，女人的肉體算什麼，林狗擁有連牆壁或山丘都能看透的能力。這能力實在驚人啊！

貓咪一族的眼睛即使在黑暗的夜晚中，也會如鬼火般閃爍，或許因此渲染上神祕色彩，令人想像似乎連不透明的物質都可穿透。

在希臘神話中出場的林叩斯（Lynceus），其名字意為「擁有林狗之眼者」，人如其名，是個千里眼。他的特殊能力受到重用，加入阿爾戈號的遠征。再者，他也利用透視能力發現了藏在橡樹樹洞中的卡斯托爾，或許可視為林猞的化身。

由於如此敏銳的透視能力，林猞在中世紀基督教的象徵理論中，也代表耶穌基督的全知。此外自古以來，林猞便與豹（*Panthera*）混用，中世紀動物誌中也有將兩者視為同一種動物者。時光流逝，文藝復興時期的貴族家徽中，似乎也經常使用林猞的設計，象徵敏銳明智。

話說回來，林猞的超能力並非只有敏銳的透視能力，根據古人記錄，牠的聽覺也很靈敏。正因如此，維吉留斯在《牧歌》第八篇中寫到：夕陽西下的昏暗牧場響起達蒙（Damon）與阿爾菲希波雅（Alphesiboeus）的美妙歌聲，林猞聽得入迷，顯現一動也不動的身影。

林猞還有一個古人流傳下來且必須介紹的驚異能力，首先引用老普林尼《博物誌》第八卷第五十七章來介紹：

「林猞排出的尿液會結晶凝固，變成非常類似石榴石的石頭，散發燃燒般的光芒，這稱為林猞石（Lyncurium）。此外，許多作者寫到黃琥珀與林猞石是相同產物。林猞非常了解自己的尿液會變成什麼，為了不被偷走而將其埋在土裡。如此一來，便會更快凝固。」

＊ Brunetto Latini，1220年～1294年，義大利哲學家、學者、政治家，但丁的老師。

圖11　林独

在林猰體內形成的石頭稱為林猰石，不過實際上當然不可能發生這種事，與敏銳的透視能力或聽覺相同，這也不過是古代人的想像。然而根據老普林尼的前輩——泰奧弗拉斯托斯（Theophrastus）的看法，林猰石呈琥珀色，最優質的是灰色，稱為綠榍石（Ligurite）。據說這種綠榍石對精神錯亂、癲癇或黃疸有療效。

利古里亞（Liguria）是古代義大利的地名，事實上此處自古以來便出產琥珀。大概是因為民間混淆了「Liguria」與「Lynx」（林猰），才誕生了野獸體內會生成礦石這種莫名其妙的傳說。話說回來這種情況也很常見，比方說在古代還有大象精液凝固後變成石頭的傳說。

以《石譜》[3]作者聞名的十二世紀黑恩主教馬博德曾表示，林猰會用尾巴消除足跡，以防貴重的寶石被人類偷走。據說布魯內托・拉蒂尼的意見則是林猰會將寶石藏在沙土裡。根據這些說法，似乎也有人認為這種動物欲望深重，不過那是人類擅自想像。客觀來看，實在想不到林猰有什麼罪孽。

然而民眾腦海中形成林猰會珍惜自己排泄物的習性，卻令人聯想到精神分析學很重要的假說之一——金錢欲望源自肛門性慾的見解，這挺有趣的。

佛洛伊德主張拜金情結與排便排尿之間有著深刻的關聯。或許林猰這種奇妙的傳說也像眾多神話或童話一樣，反映出民眾無意識的想法也說不定。

礦物學的世界中，一般所謂的「Lyncurium」或「Ligurite」，據說是電氣石、碧璽這類矽酸鹽礦物之一。隨著成分不同，有的甚至會呈現藍、綠、紅等相當漂亮的顏色，被當成寶石使用。如此看來，似乎跟琥珀沒什麼關係。

關於林独也有古代作家發表了關於其內臟而非尿液的奇特意見，引用一些作為參考。根據寫出《法薩利亞》[4]的那位羅馬史詩詩人盧卡努斯的說法，林独的內臟是女巫艾利克托（Erichtho）在色薩利製作媚藥的材料。

棲息於歐洲與亞洲的林独種類不勝枚舉，據著名的動物學家居維葉表示，古代人稱為「Lynx」的林独是分布在印度經過中東、近東到非洲，耳朵尖端長著黑色毛叢的獰貓。

「Caracal」原本是西班牙語，土耳其語則是「Karakulak」。三世紀希臘的詩人歐皮亞諾斯（Oppian）將獰貓分類為豹的一種，七世紀的聖依西多祿則將獰貓分類為狼的一種，而現代的動物學當然將獰貓分類在食肉目貓科之下。

獰貓在林独中也是最為凶暴的一個種類，不過在印度，據說會飼養、訓練獰貓用於狩獵。受到古埃及人尊崇，會做成木乃伊慎重保存的也是獰貓。

順帶一提，根據夏博諾·拉瑟的《基督動物誌》[5]，有趣的是古代符號論中與林独做對比的動物，是鼴鼠。前者擁有看透一切的敏銳視力，而後者卻是居住在土裡，眼睛幾乎看不見。應該這麼說，古人曾相信鼴鼠沒有眼睛，被陽光照到會馬上死亡。

最後引用拉封丹《寓言》中提到林獀與鼴鼠的諷刺詩來結尾：

我們看別人時如林獀
看自己時如鼴鼠。
寬以律己
嚴以待人。
用有別於看待鄰居的標準
看待自己。

Lynxes to others —to ourselves we're moles,
We see our own defects with partial eye ;
We wink at all the blackness of our souls,
Whilst in our neighbour blemishes we spy.

書目註記

1. The Autumn of the Middle Ages, Johan Huizinga, 1919.
2. Saint Genet, Jean-Paul Charles Aymard Sartre, 1952.
3. Libellus de lapidibus preciosis, Marbode, Bishop of Rennes, 12th C.
4. Pharsalia, Marcus Annaeus Lucanus, 1767.
5. The Bestiary of Christ, Louis Charbonneau-Lassay, 1940.

原初之魚

魚類在動物界中是特別的存在，換句話說，是原始的存在，因為魚類棲息於人類無法生活的水中。不用說，天空中的飛鳥也相異於地面上的人類。然而在水中與在空中的意義完全不同。見到天使擁有羽翼便可理解，天空與人類提升志願或未來志願連結在一起。相對的，水則與人類的根源志願或原初記憶連結在一起。

生物是從海洋誕生的，人類的胎兒也浸泡在羊水裡。個體發展會重現系統發展，所以所有女性生孩子時便是重現天地創造的過程，打個比方，就是「一開始為魚類」。相對的，提到鳥人，我們會聯想到科幻小說的未來人類。在我們群體的無意識中，似乎也深深刻印著「水是生命起源」的觀念，而天空則是我們未來的居住之處。

像泰利斯（Thales）這類古代哲學家也主張生命是從水中誕生的。

據米利都的阿那克西曼德（Anaximander）表示，一開始有個像魚類的生物從水中出現，接著胎兒形狀的人類在該生物的內部逐漸成長。到最後成長完畢，像魚類的生物身體破裂，人類便從其中蹦向世界。

在最古老的神話裡也能發現原初之魚的主題，例如印度的《百段梵書》[1]中有非常類似諾亞洪水的神話，是個關於人類始祖摩奴與魚的有趣故事。

某天摩奴正在清洗身體時，一隻小魚跑進他手裡。小魚對摩奴說：「如果你養我，我能讓你不受到附近大洪水的禍害。」然後摩奴將魚放進水甕，但是到了隔天小魚長得很大，這次改放進湖中。魚逐漸長大，到最後連湖都裝不下，這次只好放進海裡，結果魚停止生長。這時發生大洪水，摩奴聽魚的話準備了很大的船坐上去。然後覆蓋著金色鱗片的魚游了過來，摩奴將船繩綁在魚的角上，讓魚拉著船，安全地逃進山裡。

這條魚後來被視為毘濕奴的化身，古代常有這樣魚類被視為神明或神聖生物的案例。

早在史前時代馬格德林（Magdalenian）時期的藝術作品中，便經常出現魚類的形狀。那些雕刻在大型骨頭、鹿角、樹木或石頭上的圖形，一開始學者認為類似現在愛斯基摩人仍在使用的釣魚用擬餌，骨頭或木頭的雕刻還說得過去，不過石頭的雕刻就說不通。如今根據考古學家亨策的解釋，魚類雕刻被視為男性生殖器的象徵。男性生殖器與魚類結合，變成多產與懷孕的強烈象徵。這麼說來，鰻魚或鱈魚會產下數百萬個魚卵，確實沒有比這更適合多產的象徵。

從埃及、利比亞、巴比倫、米底亞王國、波斯到印度，魚形偶像受到廣泛的崇拜，比方說《聖經》中出現非利士人所膜拜名為大袞的神明，祂的上半身是人類、下半身是魚類。敘利亞的德珂朵是魚尾的女神，巴比倫人崇拜的奧安尼斯（Oannes）也是半人半魚的神明。

最早記述奧安尼斯的作家是西元前三世紀著有《巴比倫誌》[2]三卷的神官貝羅蘇斯。雖說是

圖12　敘利亞的半魚神

半人半魚，不過看了喀拉克神殿大門上殘留的其中一個浮雕，不知怎地感覺奧安尼斯像是人類剝開巨大魚類的皮，從頭部披上的樣子，魚尾掛在腰部附近，下面伸出人類的雙腳。根據貝羅蘇斯的記述，奧安尼斯白天會從海裡走到人世間生活，到了晚上再潛回海中。祂在地上的期間什麼都不吃，教導人類科學、農業與數學，因此巴比倫的文明進步飛躍。

奧安尼斯是古代最不可思議的偶像神明。祂的資料極度地少，真面目依舊成謎，不過至少巴比倫人是透過這位神明，呈現出所有生命起源於海洋。說不定其魚類的下半身象徵著白天人類的知識難以推量的潛在意識。

福婁拜在《聖安東尼的誘惑》中，如此稱呼奧安尼斯──

「我身為混沌最初的意識，為了凝聚物質、制定形體，從深淵浮現。」

據白川靜教授的《中國的神話》所述，整治黃河的夏朝始祖大禹，似乎其實也是奧安尼斯這種魚形的神明。

《山海經》中有「氐人國在建木西，其為人人面而魚身，無足」的敘述。據說在可能是夏朝遺跡的西安東郊半坡村，發現了人面魚紋的彩色陶器。如此一來，自古被認為是「神話國度」的古代中國，也早早便有了洪水傳說形式的創世神話。

我想，或許加斯東·巴舍拉（Gaston Bachelard）主張的「約拿情結」（Jonah complex）也能與此處原初之魚的觀念有所關聯。換句話說，也就是魚類棲息於水中的存在特異性。不用說，約拿正是那位《聖經》裡在航海途中遇到暴風被拋到海裡，然後被大魚吞食，待在大魚肚子內三天三夜的人物。

紀勒貝爾·迪杭（Gilbert Durand）對「約拿情結」的敘述如下：「魚在此處一般象徵著容器，此外，魚打從一開始說不定是被包圍自己的水吞噬的存在。可將魚的符號特徵視為吞噬這種內旋、內向般的性格，正如蛇最適用於圓環的符號一般。」

所謂的魚，不僅自己會被吞噬，自己也會去吞噬他人的存在。布勒哲爾的名畫中，有幅描繪著大魚逐一吞噬小魚的模樣，這正可謂是準確描繪出魚類象徵意義的圖。

魚類是很貪吃的。古埃及歐西里斯與伊西絲的神話中，死亡的歐西里斯被切成十四塊殘骸，其中只有男性生殖器被尼羅河的魚類奧克西林庫斯（鮭魚的一種）大口大口吃掉。魚的本身象徵著男性生殖器，而此處又吞食了男性生殖器。

埃及的末期時代，有個以魚為名的郡，該郡將魚視為聖物崇拜，連國王與僧侶都禁止吃魚。據琉善所說，西元前二百年左右，敘利亞的希拉波利斯神殿中供養著耀眼金銀寶石裝飾的阿塔伽提斯德珂朵神像，據說相鄰該神殿的魚池中養了眾多的魚兒，如果僧侶呼喊，魚兒便會浮出水面，那些魚兒的魚鰓、魚鰭、嘴唇處都鑲嵌著寶石，游動時閃閃發光。

基督教也利用魚類作為各種象徵。正如各位耳熟能詳的，當時偷偷在地下墓穴做禮拜的初期基督教徒，把魚類當成耶穌基督的象徵。其由來是因希臘語「Iesous Kristos, Theou Uios, Soter（耶穌基督，神之子，教主）的五個字首合起來即為「Iktus」（意為魚類）的緣故。

再者，魚類也成為新受洗者的象徵。這個象徵的起源純粹是因為基督教的緣故呢？還是源自巴比倫或印度神話呢？實在很難定論。無論如何，正如前面說明過的，當成是「約拿情結」的變化版之一會比較容易理解。畢竟受洗時被原初之水包圍，自己也不得不變成魚。

希望各位再度仔細品味「一開始為魚類」這句話。

書目註記

1. Satapatha Brahmana, Yajnavalkya.
2. History of Babylonia, Berossus, 2B.C.

戈爾貢

根據海希奧德《神譜》的記述，戈爾貢是分別稱為斯忒諾、歐律阿勒、美杜莎的三姊妹怪物。其中最有名的是美杜莎，只有她是不死之身。說到長得無比恐怖的怪物，戈爾貢的每張臉都又醜又怪，頭髮是不停蠕動的蛇，牙齒有如山豬牙尖銳，手是青銅製，再搭配黃金羽翼可以翱翔天際。此外，她的雙眼如寶石般閃閃發亮，一被那視線掃到，無論是誰都會立刻石化。

至於戈爾貢棲息於何處，那是在赫斯珀里得斯庭園的彼方、鄰近死者之國的西方盡頭海域。畢竟被牠們瞪一眼，不僅人類，連神明都會馬上變成石頭，所有人都不敢靠近。然而只有一位好奇男子接近美杜莎，他就是海神波賽頓，會跑去追求醜陋到無法看第二眼的女妖，還真是個好色到超乎想像的神明。

波賽頓是如何接近美杜莎的？用怎樣的姿勢與她纏綿？為什麼波賽頓沒有被變成石頭？——神話中沒有說得那麼詳細，總之懷孕的美杜莎後來生下了長著翅膀的天馬佩加索斯，以及拿著黃金劍的克律薩俄耳（Chrysaor），而且那還是柏修斯拿著劍、砍下美杜莎首級的瞬間。從美杜莎被砍下的首級中，飛出天馬佩加索斯與克律薩俄耳兩兄弟，腹中胎兒大概是足月快生產了。

在塞里福斯島國王的請求下，試圖取下戈爾貢首級的柏修斯慢慢接近沉睡在洞窟中的女妖，他別過視線，同時用打磨到光亮如鏡的青銅盾牌映照出戈爾貢的身影，順利砍下美杜莎的首級，將其裝進袋子裡逃跑。正好天馬從砍斷的首級處誕生，柏修斯就騎著天馬逃向天空。其他的戈爾貢姊妹雖然追在他後面，但是實在趕不上天馬的腳程，追不到。

柏修斯利用鏡子的原理，不是自己直接看到女妖的身影，而是透過光亮的盾牌映照出女妖，間接地觀察並砍下女妖的首級，如此軼事在希臘神話中是名場面，也是我們耳熟能詳的，不過也有別的說法，指柏修斯突然拿鏡子擋在美杜莎眼前，彈回了她恐怖的視線。

也就是說，美杜莎被自己的視線射中而死亡——這種說法就故事而言很有趣呢！

然而不可思議的是，即使首級被砍落，美杜莎那恐怖的視線仍舊沒有失去效力。袋子裡裝著她的首級，所以柏修斯現在可說獲得了無敵的武器。他以此為武器，將巨人亞特拉斯變成山脈、擊退襲擊安朵美達公主的海中怪獸，除此之外，還將出現在自己面前的敵人一一變成了石頭。

奧維德《變形記》第四卷中，提到珊瑚這種植物（古人不認為珊瑚是動物）誕生的由來：柏修斯殺了海中怪獸、救了安朵美達之後，將美杜莎的首級放在沙灘上，由於首級不能因為沙土受損，所以要先在沙灘鋪上海藻，再將首級輕輕放上去。

然而奧維德表示，「剛剛從海中採收、中心還富含水分的海藻莖部，一碰到美杜莎的首級，馬上受其魔力影響，枝葉都變成石頭一般堅硬。海洋妖精為了測試這種驚異的魔力，逐一採集海

圖13　戈爾貢的浮雕
克基拉島的阿提米絲神殿

中的植物。有趣的是，不論重複多少次結果都相同，海洋妖精便將這些海藻的種子灑進海中。所以時至今日，珊瑚依舊保持著相同的性質，接觸到空氣會變硬，在水中有柔軟的分枝，一從水中取出就變成了石頭。」

所以珊瑚的別名似乎也稱為「戈爾貢之石」（Gorgonia）。老普林尼《博物誌》第三十二卷中寫到珊瑚的採收法：「活生生的珊瑚一從水中拿出就會變成石頭，因此用網子撈住、拿刀子切斷後，必須迅速從水裡拿出。」這個信仰似乎一直從古代延續至中世紀。

柏修斯利用戈爾貢的首級做了許多事，最後將其奉獻給雅典娜女神。之後雅典娜將這個首級如家徽般裝飾在自己盾牌的正中間，希臘壺繪等處可發現上面畫著盾牌正中央裝飾著女魔臉形飾（戈爾貢頭像）的雅典娜女神。

戈爾貢頭像也是一種驅魔的裝飾品，以石頭、陶器或金屬製作，裝設在建築物的牆壁等處。如果去義大利的古代美術館等處，可注意到排列著許多圓形戈爾貢頭像的大理石浮雕，它們表情兇惡、伸出舌頭。再仔細看，它們的頭髮都是蛇類。想見說不定古代人實際上會戴這種面具。

根據羅傑·凱約瓦（Roger Caillois）的看法，戈爾貢首級會讓看到的人石化的神話，重點在於秀出面具。柏修斯擊退戈爾貢的故事，據說代表古代人成人時，或者為了要加入祕密社團而通過儀式的故事，年輕人接受考驗且最後獲得面具，所以加入社團的資格受到認可。原來如此，我認為這個意見相當有說服力。也就是說，並非從戈爾貢神話衍生出戈爾貢頭像，而是從戈爾貢頭像衍生出戈爾貢神話。神話學家哈里遜（Jane Ellen Harrison）的意見也幾乎相同。

據說美杜莎原本是古代的大地女神，侍奉這位大地女神的女祭司說不定獨攬大權把持著面具。根據民俗學家的說法，面具的儀式在古代母系社會尤其常見，相當早期時面具專屬於女祭司，等面具交到男性手中時已是非常晚期的時代了。在密傳儀式中，將獻祭宰殺後的野獸首級拿來當成面具也是很普通的舉動。

鮮為人知的三世紀希臘作家——明多斯（Myndos）的亞歷山大曾發表關於戈爾貢的奇妙意見，據他所說，利比亞的流民所稱為戈爾貢的，其實並非柏修斯砍殺的怪物，而是希臘人稱為卡特布蘭帕斯，類似野生的鹿或牛隻的野獸。

至於老普林尼記述過的牛身巨獸卡特布蘭帕斯，已在前面〈犀牛圖〉一篇說明過，此處不再贅述。簡單說，牠的頭部很重，所以總是偷懶打混很怠惰，然而一旦牠抬起頭，狠狠瞪著對方，馬上就會發揮恐怖的威力，致對方於死地。按照亞歷山大的記述，朱古達戰爭時，羅馬將軍馬略率領的部下曾經在非洲撞見這種野獸，不用說，士兵幾乎全部陣亡。

其他同樣傳說視線能致人於死的怪獸，有頭頂為王冠形狀的蛇怪巴西利斯克。以盧卡努斯的看法來說，所有棲息於利比亞的蛇類都是美杜莎被殺之後，從她的血液中誕生的，所以巴西利斯克說不定也是戈爾貢的親戚之類的。正如面對戈爾貢的情況，挑戰巴西利斯克時也適合使用鏡子。滑稽的是，這種蛇類即使見到倒映在沼澤水面的自己，也會立刻死亡。

火鳥

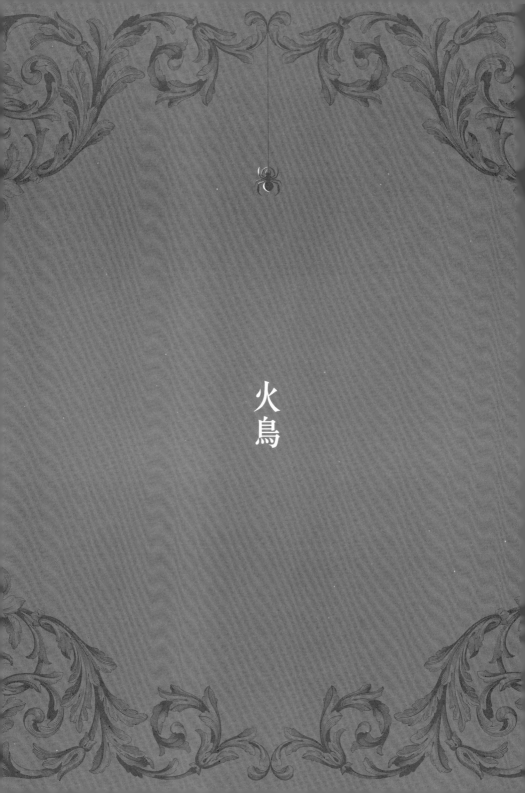

從古代到中世紀，談論火鳥（希臘語 φοῖνιξ，phoinix）的作家多如過江之鯽，連我都很困惑究竟一開始該讓誰登場才好。此處就把三世紀羅馬博物學家索利努斯當成先發，他的看法如下：

「阿拉伯人的國度中，有隻大如老鷹的鳥兒誕生。長在此鳥頭部的羽毛呈圓錐形的塔狀，頸部附近有金色的冠羽。身體後半部呈正紅色，不過只有尾巴的部分巧妙地混合著薔薇色與青色，色調絢麗豪華。」

總之先將世界聞名的火鳥，視為這種形狀與色彩的鳥類沒問題吧！古代人將這種美麗的鳥類與眾多傳說相互連結，對牠的形容愈發如詩一般。時至今日，火鳥被稱為不死鳥，甚至相當普遍使用在我們日常語言的比喻中，例如體育選手一度陷入低潮，之後奮力回歸，我們就會說他「如不死鳥重生」。

關於不死鳥重生的傳說，引用一段初期基督教神學家聖克雷蒙的話來說明：

「如果火鳥接近死亡，會採取措施保存自己的屍體。也就是說，牠會蒐集香料、沒藥、安息香做成棺材，將自己關在裡面死去。接著這屍體中會誕生一隻幼蟲，這隻幼蟲與父親的屍體共同生活一段時間，最終長出羽毛起飛。之後牠會將父親的墳墓運送到赫里奧波利斯（Helioupolis）神殿的太陽神祭壇上。」

如各位所見，這裡的火鳥並非後世傳說中的用火燃燒自己，再從灰燼中重生。不管希羅多德、老普林尼還是奧維德，一點都沒有提到火這件事。連老普林尼的《博物誌》中，強調的也是蟲子誕生。波赫士的《想像的動物》中寫道：「四世紀末克勞迪亞努斯（Claudian）的詩歌中，已經有一種不滅之鳥，換句話說，那種鳥會從灰燼中復甦，任何時候都不會死亡，總是一再地重生。」不過我所見聞的範圍中，一世紀羅馬地理學家龐波紐斯．梅拉在他著名的《世界地理》[1]第三卷第八章已寫到會燃燒自己的火鳥，遠比克勞迪亞努斯更早，說不定是最早描述火鳥與火之關聯者。

「火鳥總是孤獨的，畢竟牠無父無母」，龐波紐斯．梅拉如此敘述，此外，「當火鳥活了五百年，牠會親自將香料堆成柴堆，躺在上面燃燒至死。最後分解的身體液狀部分凝固，又再度從中自然地誕生火鳥。恢復精神後，火鳥會將自己覆蓋在沒藥中的舊骨頭運送到埃及某個喚作太陽之都的城市，安置在神殿聖域，進行值得紀念的葬禮。」

梅拉認為不死鳥的壽命有五百年，關於這點也來介紹其他各種說法。最早提到火鳥的作家是西元前五世紀的希羅多德，據他表示，火鳥是「非常少現身的鳥類，赫里奧波利斯居民的傳說中，每隔五百年才會在埃及出現」。五百年週期說的看法最為常見，前面引述的梅拉也是其中一人。考慮到真是這樣嗎？蘇伊達斯認為是六五四年，老普林尼與索利努斯認為是五四〇年，塔西佗則採用一四六一年的週期說。

圖14　作為煉金術象徵的火鳥

塔西佗的比喻幾乎明示這種鳥出現的時期為包路斯・法比烏斯（Paulus Fabius）與盧修斯・維特里烏斯（Lucius Vitellius Veteris）的執政官時代，據說牠的出現提供了學者無窮盡的議論根源。

此外根據索利努斯的記述，自羅馬建國八百年之後，似乎在埃及捕捉到一隻火鳥。那隻鳥被運送到羅馬，克勞狄烏斯皇帝下令展示給民眾觀賞。索利努斯也附加說明，已於國家記錄保管所的報告書上確認有這個事實。

火鳥現身的週期時間相當長，關於這點，波赫士附加的說明如下：

「在古人的信仰中，一旦如此龐大的天文學週期終結，宇宙的歷史會受到群星的影響，再次重複同樣的事情，連細微之處皆是如此。因此火鳥可說是宇宙之鏡，或者宇宙的象徵。斯多噶學派的哲學家進一步延伸這種類推，主張宇宙會在火焰中毀滅、再生，並且此過程既沒有結束也沒有開始。」

到了後代，希臘人與羅馬人將此概念修飾地更精緻，不過幾乎可確認週期性重生的不死鳥神話一開始是在埃及發生的，所以從理論上而言，可說是製造金字塔或木乃伊、追求永生不死的埃及人創造了不死鳥神話。

埃及赫里奧波利斯的神話中，符合火鳥情況的鳥類是名為貝努（Bennu）的一種蒼鷺，牠被尊為拉神（太陽）的魂魄，因為牠象徵著太陽，每天都會燃燒殆盡之後重生。

然而同時也有學者認為，將火鳥燃燒不會死亡的神話連結埃及的太陽崇拜是否過於牽強，畢竟赫里奧波利斯的聖鳥貝努出現在古代王朝藝術中時，與火焰沒有任何關係。最古早的火焰燃燒貝努繪畫不過是開羅美術館中西元一三七年的作品，所以這會不會是混合了眾多地方的神話，也就是宗教融合（syncretism）時代相對較新穎的傳說？這樣大概就說得通了。

話說回來，古人幻想的火鳥，是從現實的哪種鳥類幻想出來的呢？動物學家居維葉從老普林尼的記述推測，認為亞洲產的紅腹錦雞是火鳥的原型。雖然埃及神話的貝努是蒼鷺，不過古代作家的記述中，一點都沒找到顯示其為涉禽類的特徵。曼德維爾的《東方旅行記》中寫到，「牠的頭頂長著如孔雀般的雞冠，卻遠比孔雀的頭冠來得大」。火鳥在希臘語中意為紅色，也有學者表示會不會指的是紅鶴。

另一方面，也有學者思考火鳥與中國傳說中的靈鳥——鳳凰之間的關聯。的確，不論世界的東西方都幻想出了類似且具有神祕性質的靈鳥，這事實引起了我們的興趣，然而卻完全沒有更加直接的影響關聯。據說鳳凰棲息於梧桐樹上，以竹子的果實為主食，不過據奧維德表示，火鳥「絕對不會吃果實或草葉，只吃乳香與蘘荷汁液」，相當有趣。順帶一提，蘘荷汁液是羅馬人用來替屍體防腐，或者用於女性潤髮乳的。

初期基督教的護教士以拉克唐修及戴爾都良為首，偷偷使用火鳥的象徵，仔細想想也是理所當然的吧，畢竟沒有比這更適合作為肉體復活證據的象徵。中世紀動物誌的作者也大量地利用了這點。此外煉金術中，也將火鳥當作「賢者之石」的象徵，時常呈現在繪畫上。

我想，即使在古代，恐怕相信不死鳥實際存在者也不過是極少數，因為就連最早的記述者希羅多德都半信半疑，老普林尼也說這大概是種虛構的動物。如果能成就象徵，是否實際存在就變得不怎麼重要。

書目註記

1. The Description of the World (Chorographia), Pomponius Mela, 43.

貝類

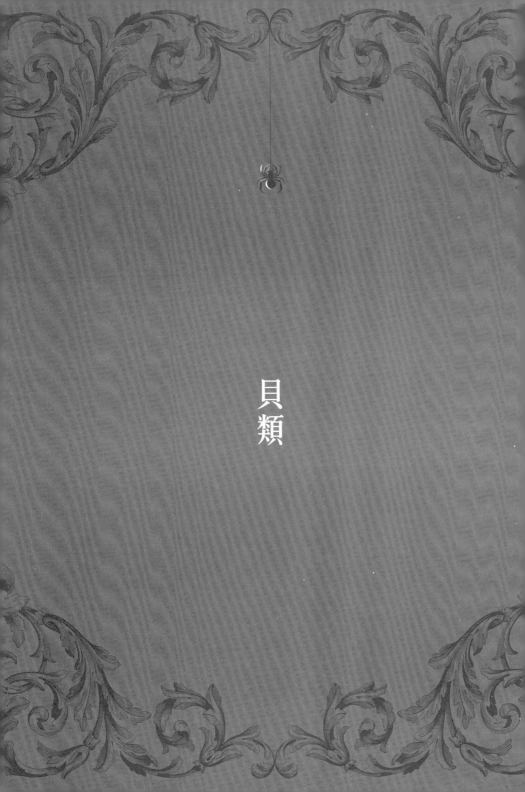

所謂貝類，指的當然是軟體動物的腹足類（海螺）或斧足類（雙殼貝），這些具有貝殼的動物。對古代人而言，要如此分類似乎有困難，所以用具有石灰質外殼為理由，連海膽（棘皮動物）或藤壺（甲殼類）都算在貝類中。鸚鵡螺或闊船蛸的同類也是，雖然現在分類於頭足類（章魚或花枝的同類），不過以前普遍被視作貝類。

闊船蛸的屬名是「*Argonauta*」，不用說，這是以搭乘阿爾戈號去奪取金羊毛的希臘英雄的故事來命名的。另一方面，鸚鵡螺的屬名是「*Nautilus*」，儒勒・凡爾納借用這名字讓潛艇鸚鵡螺號在《海底兩萬哩》中登場也是相當有名。闊船蛸的同類會隨著外殼一起浮在海面游動，或許因此令人聯想到船隻的樣子。

闊船蛸的故事暫時先打住，貝殼的主題可說是象徵主義的寶庫，自古以來世界各地皆用於各種比喻或象徵。

首先來講講希臘美之女神阿芙蘿黛蒂從貝殼中誕生的傳說吧，關於這點，藝術史家巴爾特魯沙帝斯在《幻想的中世紀》[1]裡記述如下：

「阿芙蘿黛蒂的傳說與一顆蛋掉進幼發拉底河的神話連結在一起。一隻鴿子孵了那顆蛋，美麗的女神便從中誕生。這位女神是希臘的繁衍女神，蛋殼變成了貝殼。無論德奧納或史帝芬尼皆認為此神話的起源地在腓尼基，不過前者認為阿芙蘿黛蒂是從硨磲蛤這類雙殼貝中誕生的，而後者則認為是從製作紫色染料的染料骨螺這種海螺中誕生的。羅馬人替維納斯取了『purpurissa』（紫色）的暱稱，或許證明了這個起源。話說回來，羅馬的女神一般會從白碟海扇蛤這種貝殼中出現。」

作為靈魂容器的蛋與貝殼之間的連結，是折口信夫一派經常指出的部分；廣泛流傳於亞洲或大洋洲的卵生神話中，說不定也能發現類似的關係。

在印度，貝殼也經常作為印度教神明的象徵。與棍棒、蓮花、圓盤一起，毘濕奴神的四隻手其中之一拿著的是一種實際可在印度海岸見到，名為蕪菁聖螺（Turbinella rapa）的大法螺。有趣的是，這枚大法螺為左旋，也就是從左邊轉到右邊。正如大部分海螺，自然界誕生的蕪菁聖螺也幾乎都是右旋，左旋的相當少，可說是一種畸形、病理學方面的現象。

為什麼毘濕奴神會拿著畸形的海螺呢？有一個可以稍做解釋的故事：據說在採收珍珠出名的曼納灣土堤科林，原住民會冒著生命危險潛入水中，尋找非常稀有的左旋大法螺。根據傳說，毘濕奴神化身的羅摩遠征錫蘭島時，其中一位同行者在海中被惡魔追趕，因逃進左旋的海螺中而獲救了。因此時至今日左旋海螺都被當成護身符，相當珍貴，在加爾各答的市場也被拿來當成吉祥物高價販售。

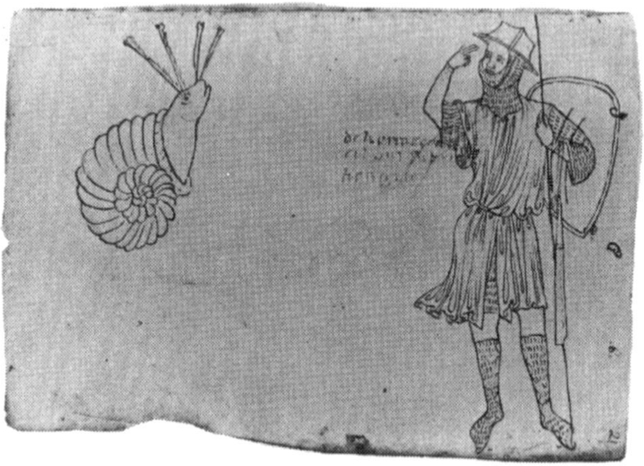

圖15　貝類。引用自維拉爾・德・奧努庫爾（Villard de Honnecourt）的畫帖

說到這裡，也不能忽視了基督教傳統中將貝殼當作朝聖者的象徵物。那貝殼並非海螺，而是名為聖雅各貝的白碟海扇蛤，或者帆立貝。中世紀左右，嚮往西班牙大型信仰聖地孔波斯特拉的朝聖者會戴著頭巾身穿外套，拿著朝聖手杖、葫蘆水壺，腰間掛著錢包，並配戴白碟海扇蛤。

然而這並非去程的打扮，而是旅途回程時的，此外，兩片貝殼也必須合在一起才行。

聖地孔波斯特拉有座聖地牙哥（聖雅各）大教堂。至於為什麼聖雅各會跟白碟海扇蛤結合在一起，有個說法是說由於基督教十二使徒的其中一位在太比里亞斯湖畔當漁夫的緣故。然而很遺憾地，白碟海扇蛤是海生軟體動物，在太比里亞斯湖抓不到的。還有一說為在海岸撿到的貝殼是平安抵達朝聖目的地的證據。往法國聖地聖米歇爾山巡禮時，朝聖者也會在身上配戴白碟海扇蛤。除此之外，也有人認為白碟海扇蛤凹陷的一片會用作餐具，不過似乎不怎麼令人信服。

最簡約確實描述貝殼與月亮、水、女性相關符號論的，要屬神話學家米爾恰·伊利亞德，以下引用其《圖像與象徵》[2]的部分內容：

「牡蠣、海產貝類、蝸牛、珍珠等物在水的宇宙學中也等同於性方面的象徵。實際上，這些全都共同享有聚集在水、月亮、女性身上的神聖之力。不僅如此，基於各種理由，例如貝殼類似女性生殖器、牡蠣與水及月亮連結在一起的關係、牡蠣中形成的珍珠屬於婦科的、胎生學方面的符號論等等緣故，都成為這些物體神聖之力的象徵。從史前時代到現代，全世界皆可發現針對牡蠣與貝殼咒力的信仰。」

正如伊利亞德所說，我們同樣可在老普林尼的《博物誌》（第二卷第四十一章）中找到以下敘述，也就是「觀察入微的觀察家發現，牡蠣或貝類等所有軟體動物的肌肉體積會隨著月亮的影響增加或減少。」

月亮與女性、月亮與水之間具有密切的關係，可謂是神話學或民俗學的基本常識。在日本，寶螺變成安產的護身符，原因為其外形代表女性生殖器而不做他想。

如阿芙蘿黛蒂的例子所示，貝殼是誕生的象徵，同時也是重生的象徵。史前時代的人們在埋葬死者時，會在死者身邊放置貝殼，比方說挖掘法國多爾多涅地區的羅傑里－巴斯遺跡時，挖出了許多地中海產的大型寶螺。

四個貝殼放在埋葬者的額頭上、雙手各執一個、雙膝及腿部共四個、雙腳各一個，所有貝殼左右對稱排列。

不可思議的是，挖掘地中海里維耶拉海岸附近的格利馬迪遺跡時，發現了從遠方大西洋海岸採收到的貝殼。此外從遠離海洋、高加索北方的著名庫班墳墓中，也發現了名為黃寶螺(Monetaria moneta)的稀有寶螺。在古代中國，除了寶螺以外，各地墳墓還出土了貽貝、蛤蜊等貝類。結合這些事實來考慮，我們都得承認史前時代的人類必定非常重視某種貝殼咒術方面的價值，所以才會利用手段將貝類從產地運送到世界上各個遙遠的角落，無須爭辯。

貝殼在葬禮中擔當的角色，當然是以棲息於貝殼內部的軟體動物會出入該貝殼住所的事實為基礎，換句話說，既將其類比為魂魄與肉體，也可比擬為子宮與墳墓，所以蝸牛便成了推開墳墓封蓋復活的拉撒路的象徵。

當然不僅如此，貝殼刺激著我們想像力，其螺旋的魔力不可小覷，那看起來非常不像大自然的產物，幾何學方面的形體之美也占了很大部分，它的魅力可不是三言兩語就能解釋完畢的。

書目註記

1. Il medioevo fantastico. Antichità ed esotismi nell'arte gotica, Jurgis Baltrušaitis, 1977.
2. Images et symboles: essais sur le symbolisme magico-religieux, Mircea Eliade, 1952.

米諾陶洛斯

提到牛的神話，首先會聯想到起源於古波斯，在羅馬帝國發展茁壯，如果基督教沒有成功取得勝利說不定會支配全世界的密特拉教儀式，不過此處將話題縮小到希臘神話，尤以克里特島的神話為主。

宙斯變身成白色公牛，誘惑美少女歐羅巴，一等到她坐上牛背，就游過大海登上克里特島，然後與她交纏。這段故事很有名，而克里特島的米諾斯王神話也是起源於此處，換言之，米諾斯王是歐羅巴與宙斯交纏後生下的兒子，從一開始便與牛隻關係密切。

米諾斯尤其崇敬公牛來紀念自己的誕生，然而不管怎麼考量，克里特島都是個島嶼，必須從希臘本土進口牛隻才行。米諾斯向海神波賽頓祈求並承諾如果他從海底送公牛過來就將牛隻奉獻給神明。

然而出現在克里特島海邊的公牛太過美麗，米諾斯捨不得殺了牠，所以破壞承諾，犧牲別頭牛。波賽頓勃然大怒，讓那頭公牛變得兇殘，在島上大鬧一場。

另一方面，米諾斯的妻子帕西淮（Pasiphaë）一見到這頭美麗的公牛，立刻陷入激烈罪惡的情欲中，還有另個說法，指這是海神波賽頓的詛咒造成的。即使帕西淮想誘惑公牛，但公牛一向不為所動。因此她向犯下殺人罪被逐出雅典，逃到克里特島上的天才發明家——代達洛斯（Daedalus）求助。代達洛斯接受了她的請求，打造出附有車輪的木頭母牛，外面披上真正的母牛皮，讓帕西淮躲藏在裡面。

公牛以為那是頭真正的母牛，狂暴地征服了這頭性愛裝置、人工母牛，在帕西淮奉上的陰道灌注了大量野獸的滾燙精液。經過如此不正當交合生下來的就是牛頭人身的怪物——米諾陶洛斯（別名阿斯特里歐斯〔Asterius〕）。

米諾斯為了妻子生下驚天怪物煩惱不已，最後命令代達洛斯建造迷宮，將米諾陶洛斯關在裡面。站在丈夫的立場，米諾斯會想要隱藏妻子外遇生下的孩子吧！

之後米諾斯向戰敗的雅典訂下約定，要求雅典每年獻祭各七名少年少女給米諾陶洛斯食用。到了第三年，為了安慰憤恨不平的雅典人民，自願加入獻祭少年少女一行人的英雄特修斯下定決心，要將雅典國從米諾陶洛斯的恐懼中解放。

此處應該稍微來說明一下迷宮的語源。迷宮的希臘語（labyrinthos）原本意為「雙刃斧的宮殿」，雙刃斧是結合兩個新月型公牛角而成的形狀，以此作為迷宮，也就是克諾索斯宮殿的象徵，似乎曾經裝飾在每個角落。如此看來，便能理解迷宮與公牛之間緊密至極的關係。此外，據說雙刃斧也是小亞細亞宗教二元論的象徵。

米諾陶洛斯與人頭馬身的半人馬等相反，為公牛頭、人類身體的怪物。我曾經在羅馬國家博

圖16　鬥牛圖。克諾索斯宮殿的壁畫

物館中欣賞過羅馬時代對五世紀米諾陶洛斯半身像作品的仿作，是個牛頭捲毛、面貌相當奇特的怪物。

妻子經過醜陋獸姦生下如此怪誕的怪物，為什麼米諾斯王沒有在牠呱呱墜地後馬上咬牙殺了牠呢？其理由可想見的是這位國王宛如雙刃斧，具有雙重性格，殘忍且氣度狹小，既是謀略家又不懂得變通，所以他完全被妻子玩弄於股掌之間。

帕西淮與喀耳刻及喀耳刻的姪女美狄亞同樣精通魔法，看到好色的米諾斯與許多女子同床共枕，就對米諾斯施法，甚至將他的男根變成蛇，使之射出毒液，與米諾斯交纏的女子身體因此被麻痺，如此一來米諾斯便無法找女人亂搞。也不曉得是不是這個緣故，米諾斯後來就被說成是好男色的創始者。無論如何，這位國王的性格有弱點，所以無法心一橫殺了米諾陶洛斯，不得不將牠關在地下的黑暗世界中滿足牠。

話說回來，見到英雄特修斯抵達克里特島，以及他從船上登陸的凜然英姿，公主亞莉阿德妮(Ariadne)隨即芳心大動。她是米諾斯與帕西淮的女兒，所以也就是米諾陶洛斯的同母異父的妹妹。然而她依舊背叛哥哥，與特修斯約定好要結婚，代價是給特修斯一團線球在迷宮裡指路。

不用說，教亞莉阿德妮用線球指路的，就是建造迷宮的代達洛斯沒錯。很久以後，代達洛斯被米諾斯追捕，逃到西西里島的卡米考斯(Camicus)時，也在螞蟻身上綁線，順利穿過了蝸牛螺旋狀的外殼。

特修斯把亞莉阿德妮給他的線球一端綁在迷宮門上，一邊拉著線一邊進入迷宮，在迷宮深處一發現怪物，就用拳頭打死怪物，再順著線回到迷宮外面。順利擊退米諾陶洛斯後，他與亞莉阿德妮一起帶著差點丟掉小命的少年少女，趁著夜色逃往納克索斯島。

以上大概就是米諾陶洛斯與迷宮的神話。如此富有意涵的神話能從各方面說明，自古以來便有許多作家不停以此為主題。「迷宮非常符合米諾陶洛斯的意象，怪物般的宮殿中心住著怪物般的居民也無可挑剔。」如此表示的波赫士也算是現代最熱衷迷宮的愛好者之一。

然而根據考古學家的意見，這個神話展現出自邁諾斯文明初期以來，克里特島上根深柢固的公牛崇拜。從梅薩拉地區的圓形墓出土、公牛形狀的澆奠用壺早已證明自這個時代起，克里特島會舉行鬥牛賽。雖說是鬥牛，但與近代西班牙鬥牛之類的不同，克里特島上的鬥牛會壓制住獻給神明的祭品用公牛，似乎大多是儀式性質。公牛並非神明本身，不如說是粗暴活力與多產的象徵，而能壓制住公牛的神聖力量很受歡迎。

這麼說來，在世界各地也有不少像公牛這種拿來作為祭品的動物。這與酒神戴奧尼修斯的祭禮有關，也與眾神之母希栢利崇拜有關。最早由羅馬政府公認（西元前二〇四年），經過羅馬帝國時期進一步普及的東方起源神祕宗教之一——希栢利崇拜（Cybele），是個伴隨切除男根這種自我懲罰、受虐儀式的宗教，尤其新人的加入儀式中，會進行稱為公牛獻祭（Taurobolium）的鮮血洗禮。

新加入者會戴上黃金皇冠、盤起頭髮，下行至黑暗的坑洞中。坑洞上方有格子狀蓋子，而裝飾著花環的公牛則在格子上方被宰殺。

公牛溫熱的血液如瀑布般從格子孔中流下，而在坑洞中的人便會渾身浴血。如此一來，藉由沐浴在被認為與獅子同樣最有精力的動物血液中，坑洞中的人便能獲得永遠的生命、重生。

等卷末再來說說現代畫家安德烈·馬松（André Masson）喜歡米諾陶洛斯主題這件事。

火鼠與火蠑螈

如果各位讀過《竹取物語》，應該能回想起輝夜姬出了難題給想與她結婚的五位貴公子，其中之一就是火鼠裘，這種日本沒有生產的神奇物品。這被認為是故事作者從古代中國傳說中名為火浣布的珍品想出來的。

《竹取物語》完成的時候，恰巧是唐朝、印度與波斯文化交錯，同時源源不絕傳入日本的時代。看看正倉院的寶物，這些文化便活靈活現地呈現在我們眼前。與正倉院中的寶物相同，從這個短短的故事中也能發現眾多外來文化的痕跡，火鼠裘明顯也是其中之一，無庸置疑。

《魏志》、《吳錄》、《搜神記》、《神異經》及《周書》等中國古代文獻各自記載了火鼠裘，也就是火浣布的相關內容。以下來大略介紹它的故事：

崑崙山是位於中國遙遠西方的靈山，這座山的山麓有條稱為弱水的深邃河流，此外，山的周圍有會噴出火焰的群山聳立，山頂長著永遠燃燒的樹，即使下雨也澆不熄，所以不管日夜都持續發出劈啪聲燃燒著。

在如此烈火中棲息著一種比牛還大的老鼠，身體重千斤，長著二尺有餘的長毛，牠的毛如蠶絲般纖細。這種老鼠在火焰中全身赤紅，一旦離開火焰則變得雪白。如果瞄準牠離開火焰的那一刻向牠潑水，牠馬上就會死亡。

如此抓到老鼠取下毛皮、織成布，用這種布製成的衣物，據說永遠都沒必要洗滌。因為只要將髒汙的衣物丟進火裡燃燒一下，馬上又會變得雪白跟新的一樣。這就是所謂的火浣布。所謂的浣，是「清洗」的意思，換句話說，就是用火焰來清洗。

漢朝時西域也曾經進貢火浣布，但之後中斷很長一段時間，到了魏朝初期，出現了疑惑究竟火浣布是否真的存在的人。

魏文帝認為火焰本來就是性質猛烈之物，應該沒有殘留生命之氣的餘地，於其著作《典論》中，論證了那是不可能的。魏明帝即位後，命令高官：「先帝所著《典論》為不朽的格言，必得刻在石碑上永世流傳。」

然而據說過了一陣子，西域使者來訪，進貢以火浣布製成的袈裟給皇帝，結果又將刻在石碑上的《典論》削除，成為天下笑柄。

結合如此傳說來考慮，看樣子所謂火浣布的珍品一般並非出產於中國內地，據信只出產於遙遠的西域，也就是波斯或高加索地區。對中國人而言，這似乎也是種相當令人懷疑是否實際存在、具有異國風情且難得一見的寶物。

然而所謂不會燃燒的衣物絕對不是只存在幻想中的產物，以前也曾經實際存在過的樣子，因

圖 17　自火焰中誕生的火蠑螈
出自蘭姆斯普林克《關於賢者之石》[1]

為石棉能紡成線，織出柔軟的紡織品。會不會是因為西域傳來的天然石棉被視為不會燃燒的纖維受到注目後，結合了神仙思想與煉丹術因而變得廣為人知呢？

李約瑟博士在《中國之科學與文明》中寫道：「石棉布對中國人而言絕對不是什麼新玩意，它被認為是『可用火焰清洗的布』，甚至早在周朝時便從印度或中亞傳入。這點無庸置疑變成眾多火蠑螈傳說的起源，不過到了梁朝就已經知道它的原料是稱為石頭的毛織品（石絨）。」

此處我們能見到西洋與東洋的傳說以中亞為媒介，緊密地結合在一起。東洋是圍繞著火鼠這種幻想、無法燃燒的動物，而西洋的主角則是火蠑螈，也就是火蜥蜴，類似的故事隨之而來，也同樣在歐洲形成。

比方說大約在十二世紀中，據信有個存在於中亞的基督教國家，其國王為祭司王約翰。歐洲流傳著某封所謂他寄給東羅馬帝國皇帝的假書信，該書信內容如下：「敝國出產名為火蠑螈的蟲。火蠑螈棲息於火焰中，會製造蟲繭，皇宮的宮女取其繭紡成線，織成布料或衣物。若想清潔這種布料使其變乾淨，丟進火中即可。」

這書信中火蠑螈被視為會結繭的蟲子，不過一般而言，古代歐洲人相信火蠑螈棲息於火焰中，是一種蜥蜴或者蠑螈的名稱。關於這種與煉金術、神祕學關係深厚，又是火元素精靈的火蠑螈，只能透過別的機會詳細介紹，但無論如何，其軼事構成與中國火浣布的火鼠幾乎完全相同，而且產地在中亞這點會不會是種暗示呢？

有趣的是在《馬可波羅遊記》第四十五章〈欣斤塔剌思州〉中，斷言火蠑螈並非動物，而是種礦物。所謂欣斤塔剌思地區，過去可能是西夏地區的一部分，如今位於新疆維吾爾自治區、羅布泊東北。馬可波羅在該處與土耳其採礦者一起前往礦山，親眼目睹從礦脈中挖出礦石。礦石乾燥後放進黃銅製的臼搗碎，用水洗去泥土，蒐集留下來如羊毛般的細絲再織成布巾。織好的布巾並非純白，不過一旦丟進火焰中靜置一段時間，就會變得如雪一般白淨……

那麼，如果在日本提到火浣布，我們第一個不禁想到的是平賀源內這個名字。

源內於明和元年（西元一七六四年）停留在埼玉縣採集植物時，爬上秩父郡中津川村的兩神山，發現了石棉。他想到把石棉織成布，最後完成了火浣布，甚至發行所謂的《火浣布概說》——一種宣傳冊子，也不忘大大誇耀自己的發明。

有人懷疑源內所說的話，他便將這塊火浣布秀給偶然來到江戶的荷蘭首長一行人看，讓他們驚呼連連。據荷蘭人所說：「這塊布就連紅毛、天竺為首的世界各國也不知道織法。以前在名為圖爾科蘭（Turcoland）的國家裡，有位能織出這種布的人，但由於該國持續亂世，織法失傳了，所以此物相當稀有。」

就這個例子而言，源內說的話稍微誇張了點，但應該能非常認同他創造的才能。話說回來，據說源內製作出的火浣布雖然名為布卻無法折疊，大小約十公分左右，頂多在焚香時當成銀葉蓋住香爐的火而已。如此一來沒有實用價值，也絕對無法熱銷。

就算拿著一塊這麼沒用的布去輝夜姬家，也完全不會被認真對待，求婚者果然除了失敗一途沒別的下場了吧！

書目註記

1. The Book of lambspring, Lampert Spring, 1625.

地精

所謂地精，就是土地的精靈、妖精，一般長相醜陋，呈現年老小矮人的樣貌。據說他守護著土地中的寶物，也是礦山業者的守護神。此外，他也被認為非常聰明、勤勞，擅長金屬精煉的技術。格林童話——尤其〈白雪公主〉中出現的小矮人一類，應該可看作是地精的童話版變形不用懷疑。

以日耳曼或凱爾特的世界觀而言，本來就認為大自然四處皆棲息著某種精靈。水中也好森林裡也罷，山上或土地中都棲息著精靈，所有與大自然生命連結的精魄鬼怪便稱為精靈或妖精。就這點來說，日耳曼或凱爾特神話比希臘神話明顯更親近大自然。然而地精這個名稱相對新穎，不僅希臘語找不到，就連古人也不認識。這是有原因的，畢竟命名地精的人，正是十六世紀的煉金術師帕拉賽爾蘇斯（Paracelsus）。

希臘語「gnosis」之希臘語意味智慧，也有格言、金句等意義。羅馬時代以亞歷山大大帝為中心流行的宗教思想中，有所謂的諾斯底主義（Gnosticism），其中「Gnosis」一詞也出自相同語源，等同於知識之意。此外，日晷儀的指時針（gnomon）也源自希臘文「gnōmōn」。帕拉塞爾蘇斯應該是研究、思量這些語詞之後，決定將土地中的精靈稱為「gnome」（地精）。

帕拉賽爾蘇斯在《妖精之書》[1]中寫道：「妖精棲息的處所有四種，也就是遵循四元素，一種為水，一種為風，一種為土，一種為火。棲息於水中的是寧芙（Nymph），棲息於風中的是西爾芙（Sylph），棲息於土中的是俾格米（Pygmy），棲息於火中的是沙羅曼達（Salamandra）。」接著還記述水精靈寧芙又稱為溫蒂妮（Undine），風精靈西爾芙又稱為席爾維斯特（Silvestre），土精靈俾格米別名葛諾姆（Gnome），火精靈沙羅曼達別名瓦爾肯（Vulcan）。

讀者可記得在歌德《浮士德》第一部出現的四大咒語？

火精靈沙羅曼達燃燒吧
水精靈溫蒂妮盤繞吧
風精靈西爾芙逝去吧
土精靈寇博德勤奮不倦

歌德年輕時閱讀了大量帕拉賽爾蘇斯、阿格里帕・馮・內特斯海姆（Agrippa von Nettesheim）等十六世紀德國煉金術方面自然哲學家的書籍，因此自己的著作也充分融合了他們的思考方式。順帶一提，所謂的寇博德是德國自古以來流傳下來的地精別名。

根據帕拉賽爾蘇斯的說法，這四大精靈很類似人類，但並非從亞當身上誕生的，不具有動物般的魂魄。然而精靈若與人類結婚，他們的魂魄也會寄宿在身體，透過神之手獲得救贖。所以據說四大精靈中尤其接近人類的水精靈溫蒂妮反覆戀慕著人類男性、熱烈地追求人類男性，甚至想與對方結婚。

圖 18　帕拉賽爾蘇斯的肖像

一般而言，男性精靈長得像地精這種小矮人，容貌非常醜陋，但女性精靈（地精的話稱為「Gnomide」葛諾米德，風精靈的話稱為「Sylphide」西爾菲德）則遠比這世界上的女性來得漂亮，而且據說容貌不會隨著歲月衰老，所以這世間受到她們愛慕的男子就如富凱的《溫蒂妮》主角，忍不住敗給了誘惑。

女性精靈如此與男子談戀愛是熱情，其嫉妒的感情似乎也愈加猛烈，比方說帕拉賽爾蘇斯的《妖精之書》中，介紹了以下奇特的軼事：

那是史陶芬堡鎮民眾親眼目睹的事情。某位哲學家明明與美麗的寧芙締結了長久的關係，他卻背叛了這段關係，偷偷愛上人類女子。某天，這位哲學家正與新的情婦以及數位朋友一同用餐，結果突然從屋頂內側伸出女性大腿降到宴席上方，也就是說，這應該是肉眼看不見的寧芙在強迫哲學家判斷拋下自己跑去跟人類女子談戀愛有多麼糟糕吧！據說發生這件事之後哲學家猝死，很明顯，是寧芙發怒的緣故。

雖然精靈被背叛也會進行如此恐怖的復仇，不過大致來說精靈不會加害於人類。

即便眾說紛紜，總之帕拉賽爾蘇斯似乎反對將他們當成惡魔的爪牙、反對他們會對人類作惡的意見。關於這點，據信作者是十七世紀法國蒙福孔·德·維亞爾的神祕學書籍《加巴里斯伯爵》[2]中，也寫到幾乎雷同的內容，四大精靈會與人類戀愛交往，但似乎與男性夢魔（Incubus）或女性魅魔（Succubus）這類惡魔眷屬有所區別。

話雖如此，但是在《加巴里斯伯爵》中甚至寫道：

人類可透過與四大精靈締結關係成為賢者，生下漂亮可愛的孩子。精靈也可透過與人類結婚，獲得長生不死。歷史上的賢者中，有許多是人類與精靈結合所生下的孩子，例如波斯賢者瑣羅亞斯德（Zoroaster），據說是由名為歐瑪茲的雄性火精靈沙羅曼達與諾亞的妻子維斯塔結合生下來的孩子。

雖然是很奇特的意見，不過我注意到此處露骨地呈現出作者想將自然精靈視為美麗純粹之物的願望，對我而言頗有深意。

人類學家瑪格麗特．莫瑞女士眾所周知的學說表示，以小矮人樣貌出現的自然精靈與方諾斯或薩堤爾（Satyr）這類半獸神相同，都是被征服民族轉變成傳說的姿態。

首先，小矮人妖精便是對西元前最後兩千年間，守護著鐵器時代文化，同時在凱爾特人到來之前居住於歐洲，個子矮小皮膚黝黑的遊牧民族的民族記憶。他們被新的民族征服、驅逐出平原，躲藏在沼澤、森林或山地。此外，他們遭遇的命運應與日本的鬼或天狗相同。

可以想像在描述地精時，尤其會說他們是擅長挖掘與冶煉金屬的民族。正如從諾瓦利斯（Novalis）或蒂克（Ludwig Tieck）的小說所能得知的——礦山或地質的學問與德國浪漫派之間的關係密不可分，因此地精的形象也時時出現在他們的童話中。

話雖如此，但地精形象最鮮活閃耀的既在德國中世紀史詩——《尼伯龍根之歌》之中，也在使其重現的華格納歌劇之中。侏儒之王阿爾貝里希（Alberich）守護著尼伯龍根埋藏在地底的寶物，他趁著三位水精靈不注意，俐落地奪取沉在萊茵河底的黃金，帶回地底王國。用這黃金製造出的戒指蘊含詛咒，因而不停產生悲劇。

透過這故事可知道，每個居住在地底的侏儒族都是手工精巧的金匠銀匠，沒有比他們更厲害的鍛工了。

我曾欣賞過弗里茨・朗格（Fritz Lang）導演的電影，實在忘不了侏儒王被齊格菲殺死並石化這令人顫慄的場景，那真是二戰前德國電影的傑作。

書目註記

1. Ex Libro de Nymphis, Sylvanis, Pygmaeis, Salamandris, et Gigantibus etc. Nissae Silesiorum, Excudebat Ioannes Cruciger, Paracelsus, 1566.
2. Le Comte de Gabalis, Henri de Montfaucon de Villars, 1670.

海膽與五芒星

如各位所知，海膽有許多棘刺，形狀如毬果，一旦海膽死亡那些棘刺就會脫落，只剩下饅頭狀的外殼。海膽嘴巴在腹側，肛門在背側。棘刺之間有大量管足，海膽就擺動這些管足在海底爬行。其嘴巴集合了五個大牙齒，形狀呈五角錐，長得多少有點像中國的燈籠，所以動物學家稱之為「亞里斯多德的提燈」。不用說，這是以希臘大博物學家亞里斯多德來命名的。

在介紹海膽的傳說之前，首先希望各位熟稔這類基礎知識。

從過去是海洋的土地中可挖掘出無數的海膽化石，但是對古代人而言，似乎實在無法想像這是海產動物。他們認為這是與雷一同從天空落下的石頭，所以稱之為雷石，所到之處都把它當成護身符珍惜。根據十七世紀知名旅行家亞當．奧瑞亞利烏斯（Adam Olearius）的報告，德國北部哥托普城什列斯維格—荷爾斯坦公爵的驚奇博物館中，有這種海膽化石的收藏品，被命名為「Donnerstein」（雷石）。

「人們認為將這種石頭帶在身上有助於睡眠，而且能打敗敵人贏得勝利」，民俗學家聖提夫在《史前時代民俗集》[1]（一九三四年）中如此敘述，接著說道，「因此也會將這石頭鑲嵌進劍柄頭」。不僅海膽化石，史前時代的斧頭、打火石，甚至鯊魚牙齒等物，有時也會統稱為雷石，視情況而定。

然而海膽化石還有系統不同於雷石的另一個名稱、另一個傳說——「蛇卵」（拉丁語稱為

「Ovum anguinum」）。關於這個名稱，首先應該要引用老普林尼的文章（《博物誌》第二十九卷第十二章）來介紹：

「希臘人大概忘記了，不過這是一種在高盧人之間很知名的卵。大多數的蛇類會相互糾結、纏繞，從身體排出黏液與泡沫，以此製造出名為『蛇卵』的圓形物體。根據德國修道士所說，這個卵會隨著蛇咻咻的叫聲一起飛向空中，必須在蛇卵掉到地面之前用斗篷接住。此外，拿到這個卵的人有必要迅速散開逃跑，因為蛇在被河川擋住去路之前會緊追不放。我曾經見過這種卵，尺寸約為普通蘋果的大小，殼上長著許多宛如章魚腳軟骨的疣。」

此處老普林尼描述的「蛇卵」其實並非蛇類的蛋之類的，而是指自古以來受到高盧人崇拜、球形的海膽外殼，因為考古學家從高盧人史前時代的墳墓中發現了大量的這種「蛇卵」，也就是海膽的化石。與從朝鮮新羅時代古墳（五世紀後半）中發現的雞蛋相同，可想見這應該也是復活與再生的象徵。

順帶一提，所謂的高盧人，指的正是如凱撒《高盧戰記》所為人知，居住在以現代法國為中心一帶的凱爾特人，古羅馬人稱呼他們為高盧人。德魯伊教為高盧人的宗教，這個宗教最引人注目的是自然崇拜、樹木崇拜與動物崇拜，此外還可見到某種輪迴思想。

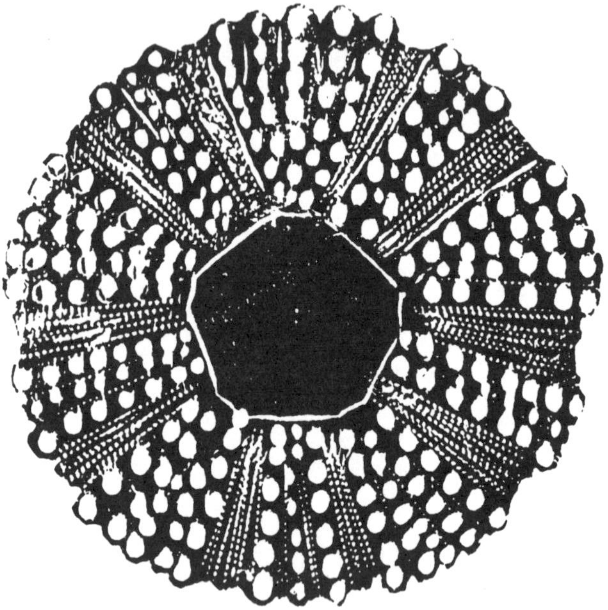

圖 19　海膽五角形的嘴巴

法國西北部的布列塔尼地方留存著整片新石器時代的墳墓，從這些墳墓的土地裡也出土過海膽的化石。這意味著，遠在鐵器文化的高盧人遷徙過來之前，這裡就有海膽崇拜。

有趣的是，在法國北部亞布維勒附近出土、羅馬時代以前的海膽殼上有些刻著人臉。夏博諾．拉瑟的《基督動物誌》中報告了許多這類例子。阿哈附近、文迭省、緬因－羅亞爾省都發現了同樣刻著人臉的海膽殼，有人推測說不定這是用來象徵聖嬰。

高盧被羅馬人征服，臣服於羅馬文明的支配以後，依舊保留了將海膽殼埋進墳墓的習俗。在這個時代也會製作一種名為「echinus」（拉丁語意為海膽）的陶壺，其表面雕刻著宛如海膽殼、有著疣狀突起的線條。

十二世紀基督教異端純淨教派的教義中，海膽的圖樣似乎扮演著重要的角色。活生生的海膽對他們而言是降臨人世的神諭，換句話說，隱藏在殼內的海膽肉象徵著基督隱藏的神性，海膽殼象徵著基督身為人類的外殼，從海膽殼輻射狀伸出的長棘則象徵著基督的言語豐富了世界。

不過比這更有趣的，是他們在海膽嘴巴發現的獨特圖樣。請各位回想，海膽的嘴巴有五個牙齒形成五角錐，這被稱為「亞里斯多德的提燈」。一旦海膽死亡，這些牙齒就會脫落，瞬間露出五角形的空洞。這五個牙齒、加上五角形的空洞，都受到純潔教派信徒的注目。

五這個數字在基督教的符號論中具有各種意義，不過他們將其視為人類五感的象徵。純潔教派禁慾主義之嚴苛眾所周知，他們認為必須透過苦行消滅五感的快樂，必須如海膽一般，完全消滅五種感覺，化身為五角形的空洞。

此處不禁令人想到的是，受到古希臘畢達哥拉斯弟子所尊崇的那個神祕圖形五芒星(Pentagram)，感覺純潔教派明顯融入了畢達哥拉斯的思想。在中世紀的神祕學中，這個五芒星被稱為所羅門王的印記，歌德的《浮士德》中也有梅菲斯特費雷斯見到門檻上畫著五芒星就沒辦法走出房間的場景。

在日本，大家也都知道平安時代有名的陰陽家安倍晴明以五芒星為家徽。

像這樣，要將魔法般出現在世界各個地方、各種時代的五芒星圖形扯上關係，全部認為是同一系統說不定有困難。或許這是偶然的一致，但如果追本溯源，心頭是否會浮現出在遙遠古代受到那些高盧德魯伊教徒崇拜、有著五角形洞穴的海膽殼印象呢？

搞不好畢達哥拉斯也受到德魯伊教對海膽殼解釋的影響，而採用了五芒星徽章呢？——以上是夏博諾．拉瑟的假設，不過我感覺這假設非常有深意。

據說在煉金術的傳統中，半球狀的海膽殼象徵著地球的北半球。從海膽背部中心的肛門往下降的線條，也就是從北極往下降的子午線，其基底則是赤道。因此將兩個海膽殼腹面相貼，便能產生地球整體的樣貌。

我想，像海膽殼這般微不足道的海中生物殘骸要能誕生如此豐富的象徵意義，簡單說，是因為它展現出具備巧妙對稱性與輻射狀的完美形體之故。

書目註記

1. Corpus du folklore des eaux en France et dans les colonies françaises : introduction, Pierre Saintyves, 1934.

巴西利斯克

介紹巴西利斯克之前，先引用一段老普林尼的詳細描述（《博物誌》第八卷第三十三章）比較方便：

「巴西利斯克是出產於基里奈卡（非洲北部，利比亞王國東半部）的一種蛇，長度不超過十二指，頭上有王冠形狀的白色斑紋，叫聲會讓所有蛇類走避。牠不像其他爬蟲類扭著身體前進，而是直立起身體前半部前進。一旦碰觸到不用說，光是被牠的呼氣噴到也會讓所有灌木死亡，讓草木燃盡，讓石頭粉碎。牠的毒性就是如此強大。據說以前有個騎著馬的男子用長槍刺殺巴西利斯克，結果牠的毒性往上傳到槍柄，不僅男子死亡，連他的坐騎都死了。但是，就連這種怪物也敵不過鼬鼠的毒，畢竟在大自然無論何種生物都有剋星。人類會放鼬鼠進去巴西利斯克的巢穴，那附近的土地整個被燒遍，所以馬上就能發現巢穴。鼬鼠會循著氣味殺死巴西利斯克，自己也同時死亡，自然對自然的戰鬥就此終結。」

所謂巴西利斯克（basilisk），在希臘語中是「小國王」的意思，這個名稱的由來應該是巴西利斯克頭頂那塊王冠形狀的白色斑紋，所以也可想見牠是蛇類之王。

老普林尼寫到巴西利斯克會直立起身體前半部前進，這令我們想到產於印度或埃及的劇毒蛇類——眼鏡蛇的習性。眼鏡蛇頸部平面張開的部分稱為斗篷，而斗篷背面正巧有著不能說完全不像王冠，而是像眼鏡的斑紋，這部分說不定是巴西利斯克傳說發生的原因。

此外，老普林尼描寫巴西利斯克與鼬鼠的死鬥，是否也令人聯想到我們所熟知的眼鏡蛇與獴的戰鬥。

隨著時代過去，巴西利斯克逐漸變化成醜陋、怪異的生物。雖說在古代巴西利斯克是恐怖的毒蛇，但仍是帶著王冠的蛇類之王保有威嚴，到了中世紀，卻變成兩隻腳的鳥類與爬蟲類結合的後代。此時的巴西利斯克頭頂長著公雞的雞冠與角，身體是黃色羽毛，加上長著棘刺的巨大翅膀，蛇一般的單條尾巴前端有勾，或者長著另一個公雞的頭。

十六世紀博物學家伍利塞．阿爾卓凡迪的《蛇與龍之博物誌》[1]（一六四八年）插圖中，巴西利斯克身上長的不是羽毛，而是鱗片，頭戴王冠，還有八隻腳。不得不說，這什麼奇形怪狀的動物啊！

不僅如此，其中就連巴西利斯克如何誕生也是個很有趣的傳說。有種名為埃及聖䴉，長得像朱鷺的水鳥喜歡以棲息於尼羅河岸的蛇類為食，是種受到埃及人重視的鳥類。可想見由於埃及聖䴉吞食下的蛇毒，使得巴西利斯克從鳥類體內孕育的蛋中誕生。所以也有人說尼羅河沿岸的農民為了預防巴西利斯克誕生，會破壞埃及聖䴉的蛋。破壞會吞食蛇類的益鳥的蛋，仔細想想還真是奇妙的理論。

時代再晚一點，巴西利斯克被認為不是從埃及聖䴉的蛋誕生，而是從公雞生下的瑕疵品

圖20　戴著王冠、八隻腳的巴西利斯克

雞蛋，再由蛇類或蟾蜍孵出來的。此時巴西利斯克的別名為「Cockatrice」、「Cockadrille」或「Basilicock」。不用說，「Cock」是公雞的意思。公雞生蛋是件很奇怪的事，到這邊也有敏銳的人嗅出某種惡魔般的感覺吧！

關於巴西利斯克如何誕生，中世紀動物誌作者皮耶爾．勒．皮卡爾詳細說明了整個過程，以下引用其敘述：

「有種動物叫作巴西利斯克，《自然學家》有說到牠是如何從公雞的蛋生出來的。一旦公雞活了七年，肚子裡會產生一顆蛋。如果公雞感受到蛋的存在會很焦躁不安，進而會在睡覺的草堆找個隱蔽的場所，雞腳在地面刨抓，挖出洞穴來下蛋。如果蟾蜍憑著嗅覺發現公雞肚子懷有毒性，就會不停窺視公雞何時要下蛋。一旦公雞離開洞穴，蟾蜍馬上就去觀察下蛋了沒。如果下蛋了，蟾蜍就會偷蛋來孵。最後終於孵化，從蛋裡跑出一隻動物，不過那動物長著公雞的頭、脖子與胸部，下半身卻長得像蛇。等到這隻動物能行走，就會立刻躲進地面的裂縫或者古老的蓄水池中，所以從來沒有人能見到牠的樣貌。」

「之所以如此，是因為如果在這動物看見人類之前，人類先看見牠，牠會馬上死亡；如果這動物先看見人類，人類反而會死亡。這就是牠的特性，會從眼睛射出毒素的緣故。」

「如果想要殺死這種動物，最好準備水晶或玻璃的水壺，透過玻璃來看牠。如果躲在玻璃後面，牠就不會注意到人類的身影。從該動物視線射出的毒素撞到玻璃會彈回去，反而殺了牠。」

這種巴西利斯克殺人視線的傳說，會令我們想到戈爾貢與柏修斯的神話吧！實際上由於有非常類似的傳說，所以據說亞歷山大大帝遠征印度遇到這種危險的蛇類時，為了殺死牠，讓士兵在盾牌中央鑲嵌鏡子，利用鏡子反射來反彈殺人蛇類的視線。

對中世紀動物誌的作者而言，一言以蔽之，巴西利斯克似乎就是種惡魔般的動物。不知道是不是這個緣故，羅馬式或哥德式修道院的石雕中，頻頻出現意味著惡魔或罪惡的巴西利斯克造型。漢斯修道院的柱頭很有名，不過比這更有趣的算是威澤雷修道院柱頭的雕刻。騎在巨大蝗蟲上的騎士正與巴西利斯克熱鬥著，騎士則按照動物誌所記述的拿了玻璃水壺擋在自己面前，不用說，這當然是為了閃避怪獸危險的視線。

十七世紀英國的湯瑪斯．布朗爵士在其著作《世俗謬論》[2]第三卷第七章舉出巴西利斯克的傳說，寫著尤其巴西利斯克從公雞的蛋孵出這點不可信。其內容甚至帶出麗達與天鵝蛋的神話，旁徵博引的論述相當有趣，不過使用的英語艱澀，難以簡單翻譯。

話說回來，波赫士《想像的動物》中引用了十七世紀西班牙詩人克韋多吟唱了關於巴西利斯克恐怖視線的詩，接著來介紹一下：

如果有見過你的生存者
關於你的故事全都是謊言
因為沒有死的人應該見不到你
而死者不會說話

克韋多大概不知道從很久以前就流傳下來，利用玻璃或鏡子反彈巴西利斯克視線的方法。

前面忘了說，所以我寫在最後面，根據埃里亞努斯（Claudius Aelianus）的看法，巴西利斯克很討厭公雞，會非常小心地避開公雞。這是因為一旦巴西利斯克聽到公雞啼叫，就會馬上死亡。明明是從公雞的蛋孵出來的，卻害怕公雞的啼叫，這也是個相當奇特的故事。

書目註記

1. Serpentum, et draconum, Ulisse Aldrovandi, 1640.
2. Pseudodoxia Epidemic, Thomas Browne, 1672.

鳥類種種

來舉幾個有關鳥類的有趣軼事。

䴉（Ibis）這類型的鳥類雖然有不同種類，不過在日本就是指朱鷺。這是熱帶地區的涉禽，前面也提過埃及聖䴉喜歡吃尼羅河的蛇類，所以受到埃及人重視。眾所周知，埃及聖䴉也是埃及神話中預言、治療、魔術之神托特的標誌。不果我覺得最有趣的是，民間相信這種鳥所具有的奇特習性。

根據老普林尼的記述（第八卷第二十七章），䴉鳥「會利用長且彎曲的鳥喙，如果有必要為了健康排出無法消化的物質，就自己清洗腸道內部。並非只有䴉鳥會使用如此靈巧的技術。在許多動物身上也發現了有助於人類的技術」。

換言之，䴉鳥是會將長長的鳥喙插進肛門，發現促進排便、灌腸方法的鳥類。我也無法斷言實際上是否真的有這種習性，總之這不禁令人認為是古代人奇妙的幻想。

更奇特的是，出現在Ｊ．Ｆ．克洛布《龍涎香的歷史》[1]或洛瓦．居雍《課題》[2]等十七世紀書籍中，一種名為阿什波布克（Achibobuc）的鳥，牠最早似乎在十六世紀安德烈．特維的《宇宙學》[3]中出現過。這種鳥棲息於葡屬東非的莫三比克附近名為尤錫克群島的島上，大小如鵝，阿什波布克這個名字看樣子似乎是原住民的語言。到了晚上，這種鳥會飛到沒有人的岩礁上，收起羽翼休息、製造大量糞便。

人們相信如果將這種糞便用太陽的高熱焚燒、用月光清潔、用乾淨的空氣精煉之後，最終將變成龍涎香。所謂的龍涎香，其實是在抹香鯨腸內生成的蠟狀物質，自古便是受到重視的香料。阿什波布克的糞便有時會隨波逐流、漂浮在水面上，或者被魚類吞下又吐出來，歷經如此過程便形成白色、灰色或黑色各式各樣的龍涎香。由於這是種珍貴的香料，原住民會爭相採收。

會不會是人們端詳這從死去鯨魚身體排放出來、在海面載浮載沉，漂流到海岸的龍涎香，發揮想像力將它想像成鳥糞形成的呢？

在動物學上，阿什波布克之類的鳥也是完全身分不明，實在無法相信牠實際存在。

中世紀動物誌經常出現名為卡拉德里奧斯（Charadrius）的神祕鳥類，牠其實是鴴鳥的一種，然而自古以來人們都相信牠會治病。許多學者都有提過這點，以下來介紹藝術史學家埃米爾．馬勒在《法國十三世紀之宗教藝術》中引用何諾的文章：

「名為卡拉德里奧斯的鳥類能分辨病人會不會死亡。將牠放在病人附近，如果病人注定死亡，鳥兒會轉過身。如果有生存的希望，鳥兒會凝視著病人，張開嘴巴吸取病氣，接著牠會飛到陽光底下，鳥兒吸收的病氣便如汗水般從鳥兒體內發散出來。那麼病人呢？當然就痊癒了。」

如果真的有這些鳥兒存在，實在可以人工大量飼養後一個不漏地分配給全世界所有的醫院。

圖21　鳥類種種。十七世紀波斯細密畫

前面介紹過的「韃靼植物羔羊」是從植物誕生羔羊的傳說，同樣的，也有從植物誕生鳥類的傳說。十七世紀初法國博物學家克羅德．杜雷的《令人驚嘆的植物史》[4]這本書中，刊載了優秀學者羅馬教宗庇護二世的意見，文章如下：

「根據傳言，蘇格蘭某條河的岸邊似乎有棵會長出鴨子形狀果實的樹木。一旦果實成熟自然會掉下枝頭，有些掉在地上，有些掉進水中。掉在地上的果實就這麼腐爛了，不過掉進水中的果實會存活下來，開始划水、拍翅膀飛走。我停留在蘇格蘭時，曾經向詹姆士國王詢問這件事，結果得知這棵傳說中的樹木並不在蘇格蘭，而是在更遙遠的奧克尼群島。」

北國的鴨子幾乎都是候鳥，總是成群結隊地移動，所以古代人完全搞不清楚牠們在哪裡產卵，才會不禁覺得很不可思議。如此一來，可想見會誕生奇特的植物鳥傳說。

十五世紀《奇蹟之書》這本書中，已出現可視為植物鳥傳說原型的軼事，是在說鳥兒從海中腐朽的木材誕生，故事如下：

「在蘇格蘭北方的曼蘭島海岸，出產了當地居民稱為黑雁的鳥類。雖說是出產，但這種鳥並非從蛋孵出來，而是由海中腐朽船隻的老舊木頭腐敗後誕生的。一旦船隻木材浸泡在海中，就會因為海中的泥土腐敗，然後腐敗的木材產生宛如雞蛋蛋白一般黏稠的泥土，鳥兒再從這泥土中誕生。鳥兒最初會用鳥喙咬住木材垂吊著，經過兩個月，鳥兒全身覆蓋著羽毛、明顯長大之後，再掉進海中變成擁有黑色羽毛的美麗鳥兒，這時跟普通的鳥兒沒兩樣，可以隨心所欲地在海上四處飛翔。牠的肉色潔白、柔嫩、很有風味，像是野鴨的肉。」

到此介紹了兩則植物鳥的軼事，都是蘇格蘭附近地區的故事，這很有趣，大概跟蘇格蘭是候鳥多的北國風情有關係沒錯。根據夏博諾・拉瑟的說法，對丹麥或蘇格蘭這類北國居民而言，鴨子或雁鳥之類的鳥類具有可與天鵝匹敵的象徵意義。

在十八世紀初期，果然出現主張不是從植物，而是從名為茗荷的水生動物產生鴨子這類鳥類的學者，他就是寫出《稀有植物之自然史與藝術》[5]（一七〇九年）這本書的法國瓦爾蒙神父。

所謂的茗荷，是像藤壺那種群體棲附在海中漂流木或船底等處的小型甲殼類。牠包覆著石灰質的外殼，從殼的縫隙間伸出如植物藤蔓的腳可捕捉浮游生物。順帶一提，茗荷的拉丁語是「anatifera」，而「anas」的意思是「鴨子」，「fero」則意為「搬運」。看樣子從茗荷生出鴨子這點並非瓦爾蒙神父創新的想法，而是非常久遠以前的傳說。

瓦爾蒙神父斷言：「黑雁這種鳥會像魚類一般排出鳥蛋，在水中到處隨便下蛋，再透過太陽的熱度來孵化。正如古老傳說所講的，這種蛋會漂浮在水中，撞到東西就黏住，尤其會附著在腐朽的樹木上，因為腐敗的樹木有黏性。」

換言之，根據瓦爾蒙神父所說，茗荷就是黑雁的蛋本身。即使再怎麼感覺這種意見很不科學、很愚蠢，為了瓦爾蒙神父的名譽還是要敘述完整，這是因為以前黑雁被認為是種冷血的鳥類，沒有體溫，所以無法自行孵蛋的緣故。索邦的神學家會議也將水鳥視為一種有羽毛的魚類，所以在禁止肉食的大齋節期間只有水鳥可以吃。

受到如此根深柢固的思考支配，不會只有瓦爾蒙神父的意見特殊怪異。

畢竟不論鳥類、植物或魚類，到了十八世紀還是亂成一團漿糊。

書目註記

1. Ambrae historiam, J. F. Klobius, 1666.
2. Les Diverses Leçons de Loys Guyon, Dolois, Sievr de la Nauche ... Svyvans Celles de Pierre Messie & du Sieur de Vaupriuaz ..., Louis Guyon, 1617.
3. La cosmographie universelle, André Thevet, 1575.
4. Histoire admirable des plantes et herbes esmerveillables et miraculeuses en nature, Claude Duret, 1605.
5. Curiosities Of Nature and Art In Husbandry And Gardening: Containing Several New Experiments in the Improvement of Land, Trees, Fruits, [et]c. ... ; With Several Copper Cuts, l'abbé de Vallemont, 1709.

蟲類種種

奧維德的《變形記》第七卷寫到，阿提卡的英雄克蘭布斯在杜卡利翁大洪水時，收到寧芙給的翅膀飛到空中，千鈞一髮之際獲救了。換句話說，他變身成了金龜子，而克蘭布斯（Cerambus）在希臘語中便有金龜子（Cerambyx）的意思。

「scarabs」是同樣意為金龜子的詞，平常我們使用的聖甲蟲（scarab）這個名稱便是源自前述的希臘語詞。

正式來說金龜子種類非常多，大約有一萬七千多種，其中也包含了毛花金龜（Flower chafer）、日銅偽闊花金龜（drone beetle）、鍬形蟲、糞金龜等昆蟲，必須要注意。所謂金龜子說到底是個統稱，其中古埃及人視為聖物的金龜子，其實是分布於地中海沿岸一帶的糞金龜，也就是博物學家林奈命名為「*Scarabaeus sacer*」（神聖糞金龜）的種類。

正如大部分同種類金龜子會做的，糞金龜也會將動物或人類的糞便堆成大球，用後腳夾著，一邊推邊往後滾動，糞球掉進挖好的洞穴中後，糞金龜就在球的頂部產卵，產完卵再撥土封住洞穴。如此一來就能保護蟲卵遠離任何危險，幼蟲可以以土中的糞球為食成長，等變成成蟲後再出現在地面上。

總之糞金龜會一邊後退一邊推球，所以經常在途中撞到障礙物，或者跟糞球一起滾落深溝。即使如此，牠們絕對不會氣餒，而是堅強地重新執行原先的工作，那宛如做著苦工，永遠都要將滾落的岩石推回山頂的薛西弗斯。事實上，據說糞金龜的近親金龜子中，也有一種被命名為薛西弗斯。

古埃及人似乎完全被聖甲蟲的神祕迷住了。對他們而言，聖甲蟲推球的本能很不可思議，以完全成蟲的姿態從土球中現身，要說不可思議的話也實在很不可思議。埃及的僧侶發現聖甲蟲的土球與地球之間有個相似之處，並將滾球的聖甲蟲比擬成使地球轉動的歐西里斯神。是說根據三世紀希臘哲學家波菲利（Porphyry）的意見，聖甲蟲被視為太陽的象徵，因為埃及產的聖甲蟲鞘翅閃耀著美麗的金褐色。

聖甲蟲的幼蟲在地底的土球中長大，直到完全變成成蟲才出現在地面上這點，埃及人也挖掘出其獨特的符號論。換句話說，埃及人相信聖甲蟲全都是雄性，會不斷從土球中重生，所以象徵著靈魂的重生。土球只會停留在土地裡月球公轉需要的時間——正好二十八天，這期間聖甲蟲生機蓬勃。第二十九天是地球誕生之日，到了這天聖甲蟲破球而出，以嶄新的存在出現在世界上。

如此被視為聖物的聖甲蟲圖像便大量出現在埃及石碑上，最後甚至製成刻著象形文字的小護身符。從埃及墳墓中發現的聖甲蟲護身符大小約一到五公分，材料有石頭、條紋瑪瑙、紅玉髓、紫水晶、青金石、碧玉等等；不僅會做成戒指戴在死者的手指上、放在木乃伊的心臟上方，根據老普林尼的證言（《博物誌》第三十卷第三十章），僧侶也會讓發燒的病人用左手拿著聖甲蟲。

圖22　埃及的聖甲蟲

接下來介紹應該算是金龜子一族的鍬形蟲吧！

鍬形蟲的拉丁語是「Lucanus」，與那位著名的羅馬史詩詩人盧卡努斯同名。羅馬人稱大象為「盧卡尼亞的牛」，據老普林尼表示，鍬形蟲的大顎有如象牙般發達，所以他將這種蟲稱為盧卡尼亞的蟲，也就是盧卡努斯，說不定鍬形蟲是小型的大象。順帶一提，盧卡尼亞是義大利南部的地名，西元前二八一年，伊庇魯斯的皮洛士國王入侵盧卡尼亞地區時，羅馬人第一次在此處見到大象。

此外，據說羅馬人為了保護孩子不生病，會將鍬形蟲的角掛在孩子的脖子上，這算是一種護身符吧！儘管如此，他們卻喜歡吃從腐朽樹幹中發現的白胖鍬形蟲幼蟲。羅馬貴族愛好美食是出了名，提到用麵粉餵養的木蠹蛾（Cossu）料理，美食家都不禁垂涎三尺。

既然講到盧卡尼亞地區的故事，來聊聊與義大利南方城鎮塔蘭托（Taranto，以前叫塔倫屯〔Tarentum〕）有關的生物，那就是毒蜘蛛狼蛛（Tarantula）。

狼蛛這個名字當然是取自塔蘭托，以這個港都為中心的普利亞地區有特別多這種毒蜘蛛。到十九世紀之前，毒蛛由於毒性猛烈，聽說如果被牠咬到會發燒、發瘋或者死亡，然而實際上並沒有那麼嚴重，即使牠的毒性會讓小動物、雀鳥或鼴鼠之類的死亡，人類也不會死。話雖如此，自十四世紀起人們卻相信「毒蜘蛛舞蹈症」（Tarantismo）的起因就是這種蜘蛛。

換言之，如果被這種蜘蛛咬到，任何藥物都沒效，只能跳起塔朗特舞（tarantella）這種節奏非常快速的舞蹈直到流出汗水。這種方式說不定類似於某種治療法，不過也有別的傳聞說蜘蛛的毒會使人發瘋似地跳起舞來，實在搞不清楚究竟哪個是原因、哪個是結果。中世紀時，據說也有人將狼蛛乾燥後製成粉末拿來煙燻，施展令人進入某種恍惚狀態的魔法。

蜘蛛雖然不是昆蟲，不過順帶介紹之後，令人想到除了狼蛛一類以外，像是普通的蜘蛛這種明明沒有傷害人類，卻有著不吉祥刻板印象的動物似乎不少。關於這點，蜘蛛與螳螂不相上下，算是精神分析學範疇中大家耳熟能詳的。前者與近親相姦情結有關係，後者則會使人產生「有牙陰道」（Vagina dentata）的幻想。榮格已經談論過蜘蛛，關於螳螂，羅傑・凱約瓦的《神話與人類》[1]則寫得很詳細。

如果說蜘蛛象徵不吉祥，那麼帶來幸運的蟲類要屬瓢蟲。

瓢蟲的拉丁語是「coccinella」，有源自「coccinus」（深紅色的），與源自「coccus」（小顆粒）兩種說法。此外，哪種說法都不要緊，幾乎所有地方都稱呼這種小甲蟲為「神明之蟲」或「聖母馬利亞之蟲」，不是很有趣嗎？

提到小蟲子，顯微鏡發明之前很長一段時間人們相信世界上最小的生物是蜱蟎，這也頗令人莞爾。蜱蟎本來就不是昆蟲，硬要說的話，是接近蠍子或蜘蛛的動物。

里特磊（Émile Littré）的小辭典寫道：「蜱蟎是種在起司或粉末中成長且沒有翅膀的昆蟲，是肉眼可見最小的動物，象徵世界上最小的存在。」從現代科學觀點來看這段話，只能說滑稽得不得了。

十七世紀自由思想家西哈諾·德·貝傑拉克（Savinien de Cyrano de Bergerac）表示，星球與人類之間的尺寸關係，正如人類與蜱蟎之間的關係。帕斯卡說過類似的事，十八世紀的伏爾泰也引用蜱蟎的存在來說明宇宙的廣大。

的確，在發現單細胞生物或細菌這種微生物之前，蜱蟎依舊保有世界最小的頭銜。

書目註記

1. Le mythe et l'homme, Roger Caillois, 1938.

半人馬

下半身是馬、腰部以上是人類的怪獸半人馬，相信讀者都知道。然而在希臘語中，半人馬（拉丁語為 Centaurus）的意思是「殺牛者」，跟馬一點關係都沒有。其實希臘中北部色薩利地區的山區居民經常騎著馬驅趕牛群，因此見到這景象的人稱呼他們為「半人馬」。

有個說法指希臘人沒有騎馬的習慣，所以當他們初次見到人類騎在馬上的身影，便想像成宛如人馬一體的怪物。這個說法怎麼想都很可疑，畢竟自古以來熟悉馬匹的民族，應該不會沒有騎馬的經驗。至少希臘人應該跟那些聽到法蘭西斯科．皮薩羅率領的騎兵隊就害怕到發抖、相信他們是人馬一體的魔鬼而倉皇失措的南美印地安人不一樣。

然而無論如何，奇異又一體成型的半人馬意象誕生自色薩利的山岳地區，這點不會改變。

神話中，色薩利的支配者伊克西翁（Ixion）愛上有夫之婦赫拉時，憤怒的宙斯將雲朵變成赫拉的樣子送到伊克西翁面前，據說伊克西翁與那朵雲交纏（這是某種自慰吧）之後，半人馬就誕生了，或者還有這兩人的孩子在皮立翁山附近與母馬交媾生下了半人馬的說法。希臘神話中，獸姦或自慰一點都不稀奇。

半人馬一族被稱為肯塔羅伊（即半人馬的希臘語 kentaurous 的複數形 kentauroi）。據說野蠻又粗暴的半人馬族經常手拿棍棒或弓箭，成群結隊地從山裡跑到平地侵犯女性，此外，他們還會把女子擄到背上帶回山裡，個性十分好色又淫逸。

老普林尼（《博物誌》第七卷第三章）說他曾經在克勞狄烏斯皇帝在位時期，見過一匹以蜂蜜防腐處理，從埃及運送到羅馬的半人馬標本，然而活在同時期的唯物論者盧克萊修卻已經不相信半人馬的存在，其著作《物性論》[1]第五卷中的敘述如下：「由不同種類的手腳結合成同一個身體，同時具有兩種本質，且兩種能力彼此調和者，無論哪個時代都不可能存在。」

盧克萊修接著說了更有趣的事，亦即馬匹比人類更早成熟，因此半人馬就算下半身馬的部分成熟了，上半身人類的部分仍舊是只會說單字片語的小寶寶。原來如此，說不定真的是這樣。

半人馬族心甘情願吃著山裡簡陋的食物，似乎不知道酒為何物，因此引起了出名的「半人馬族與拉庇泰族之戰」傳說。拉庇泰族舉行結婚典禮時，某位受邀的半人馬族喝了不習慣的酒，醉了，不分青紅皂白侵犯了新娘，結果兩族族人都加入這場混亂的戰鬥。這個景象刻在帕德嫩神廟小間壁及阿波羅神廟的簷壁飾帶，魯本斯也畫過同樣的主題。

拉庇泰族同樣是棲息於色薩利山岳地帶的人類種族。半人馬的父親——伊克西翁也不外乎出身於拉庇泰族，所以兩族可說是有血緣關係的。戰鬥的結局半人馬族輸給拉庇泰族，被逐出色薩利，最後走上被海力克斯滅族的悲慘命運。

野蠻與好色似乎是半人馬的特徵，然而這一族之中不可能沒有適合被稱為賢者的偉大人物，那就是凱隆（Chiron）。

圖23　半人馬

他是克洛諾斯與水神俄刻阿諾斯的女兒菲呂拉生下的孩子，克洛諾斯為了瞞過妻子的眼睛而變成馬匹與俄刻阿諾斯的女兒交媾，才生下了半人馬。凱隆被養在皮立翁山的洞窟中，與黛安娜女神一同在森林中狩獵生活，長大後開始熱衷於植物學與天文學，成為藥草相關知識權威。

矢車菊的希臘語是「Centaurea」，因為這是凱隆發現的，便由此命名。根據中世紀魔法書所寫，將矢車菊的汁液混合戴勝鳥（hoopoe）的血液，滴進燈油中會使人產生幻覺。

不僅植物學與天文學，凱隆也相當精通音樂、醫術、狩獵、運動競技，所以他帶領、教育過不少學生。赫庫蘭尼姆（Herculaneum）的壁畫上畫著年輕的阿基里斯向凱隆學習七弦琴的圖，醫術之神阿斯克勒庇俄斯（Asclepius）也向凱隆學習醫術。或許還有讀者記得帕索里尼的電影《美狄亞》中，少年伊阿宋接受半人馬教育的場景吧！

根據波赫士的意見，半人馬是幻想動物學中最協調的動物，他甚至想說柏拉圖的理型世界中是否存在著半人馬的原型，不過對我而言這意見的思考方式太過於西歐，畢竟就日本的傳說中，有點難想像能媲美半人馬的怪獸。古印度神話的乾闥婆就略為顯現出與西歐之間的聯繫。

最常見的半人馬是馬脖子處接著人類的上半身，換句話說，從頭到腰部是人類，下半身則是馬匹四腳身體的動物。不過後來也發現了變形版，這外形或許比較古老，是在馬的軀幹處接著人類的上半身，也就是沒有前腳，只用兩隻後腳站立，體態相當不穩定的類型，令人擔心他究竟該如何取得平衡。

希臘語 kentaurous（拉丁語為 Centaurus）所指稱的並非必定是半人半馬，例如「Onocentaurus」是半人半驢、「Leontocentaurus」是半人半獅、「Dracocentaurus」是半人半龍、「Ichthyocentaurs」是半人半魚，因此簡單說所謂的「Centaurus」是由兩部分組成的動物，或許可以用混血兒的別名來解釋。若要將 Centaurus 限定指半人半馬，有時會稱之為「Hippocentaurus」。

中世紀神學家一面倒地將這種血氣方剛、淫蕩、無法抑制本能的畸形動物歸為惡魔的同類。喬托畫的亞西西壁畫中，半人馬是必須被聖方濟各擊敗的情欲象徵。巴黎國立圖書館收藏的十四世紀道德文學《佛威爾傳奇》手抄本插畫中，染上罪惡的亞當與夏娃各自化身成兩隻腳的男女半人馬。另一方面，但丁（《地獄篇》第十二曲）則連同凱隆在內，將半人馬一族悉數趕進地獄。

半人馬手中拿著的弓與箭從精神分析學的觀點來看，大概是男性射精的象徵。除了凱隆這種德行高尚的半人馬，他們普遍都要面對難以抑制本能力量的困擾。有沒有因為自己難以克制的動物性感到羞愧，從他們的表情總是愁雲慘霧便可知一二。

話說回來，半人馬中也有女性、雌性。十六世紀法蘭德斯派的版畫中，有張畫著身型豐滿、橫躺的雌性半人馬以胸部及腹部的乳房餵奶給兩個小孩的圖，居然在這種地方見到半人馬既是人類同時也是野獸的特色，真是有趣。

如果他們的身體構造長這樣，心中不禁湧上半人馬男女做愛時究竟是怎樣的疑問。說不定分為上半身（人類的肉體）與下半身（野獸的肉體）兩種做愛方式，對象是人類時用上半身，對象是同類時則用下半身進行。

書目註記

1. De Rerum Natura, Titus Lucretius Carus, 99-55.B.C.

奇美拉

奇美拉是擁有獅子的頭、母山羊的身體、龍的尾巴的古希臘怪獸，據說牠棲息於呂基亞地區（小亞細亞西南部）的山岳地帶，這裡的火山聳立、噴火活躍。這座火山寸草不生的山頂棲息著獅子，植物繁茂的半山腰草原棲息著母山羊。根據古代作家筆下這座火山動物群的記述，人們認為奇美拉說不定大致上代表了該座山本身。

也就是說，山頂的獅子是頭部、山腰的母山羊是身體、火山口噴火的龍是尾巴，可以如此想像出一隻怪獸。荷馬的《伊利亞特》第六卷中寫道：「從火口中噴出氣勢恐怖、熊熊燃燒的火焰」，普魯塔克則描述「那座山反射了太陽的光線」，難道不是火山熱度與毒氣令草木死亡殆盡，使山頭變得光禿禿了嗎？

另一方面，老普林尼在《博物誌》第二卷第一百一十章寫道：「在法塞利斯（呂基亞地區的城鎮）燃燒的奇美拉山，火焰日夜不絕。克尼多斯的帖西亞斯報告指出，用水潑那種火會燒得更高，撒上土或泥則會熄滅。」

這裡奇美拉完全變成了山的名字。老普林尼文中火焰潑了水也不會熄滅反而燒得更旺，會不會是因為土地中含有石油呢？

即使如此，究竟是從火山的意象帶出奇美拉這種怪獸呢？還是有了怪獸的意象再挪用為火山呢？要解明其中的因果關係很困難。波赫士等人的意見表示怪獸「開始讓人們感到厭煩無趣」，才會有火山之類「愚蠢的推測」，所以是先有怪獸，說不定真是如此。

那麼來聊聊怪獸的本性吧！根據海希奧德的《神譜》所寫，奇美拉是堤豐與艾奇德娜(Echidna)的孩子，也就是怪物一家的一員。除了奇美拉，艾奇德娜還與堤豐生了地獄看門犬克爾柏洛斯、勒拿湖的水蛇希德拉等怪物；還與歐特洛斯生了斯芬克斯，所以被稱為恐怖怪物之母。

海希奧德還說過奇美拉長了三個頭，一個是獅子，一個是母山羊，另一個則是龍或蛇，與前面介紹過荷馬說的——獅子的頭、母山羊的身體、龍的尾巴外表完全不同。收藏在翡冷翠國立考古博物館中，從阿雷佐（Arezzo）出土的、西元前五世紀後半青銅雕刻，是出名的伊特拉斯坎文化傑作，上面的奇美拉正如同海希奧德所描述，牠的背部正中央冒出母山羊的頭，本身頭部是獅子，尾巴尖端也是蛇的頭。

奇美拉在呂基亞地區作亂，國王授命年輕勇士貝勒羅豐殺死牠。貝勒羅豐騎著有翼飛馬佩加索斯，從空中拿長槍刺進奇美拉的口中。根據神話，長槍前端裝著的鉛塊被奇美拉口中的烈焰熔化，因此殺死了怪獸。這場貝勒羅豐對奇美拉的戰鬥，成為後世眾多繪畫及雕刻的主題。

然而要解釋這個神話故事並不容易。羅伯特．格雷夫斯在《白色女神》[1]中寫到，貝勒羅豐殺死奇美拉可讀出亞該亞人去奪取位於赫利孔山「白色女神」神殿的寓意，不過不曉得這是否有道理；也有的學者將其視為通過儀禮的象徵。

圖24　奇美拉

奇美拉本來在希臘語中意為母山羊，後來輾轉變成混種怪獸的意思，甚至隨著時代變遷進化成幻影、妄想之類的意義，整個過程不得不說極度地曖昧模糊。簡單地說，由於奇美拉是現實不可能存在的怪獸，只能視之為無益空想的同義詞。記得波赫士也說過，如果龍這種幻想動物是普遍且必然存在的怪獸，那麼奇美拉便宛如日本的鵺，說不定只是人們心血來潮捏造出來「虛幻無常的怪獸」。

在中世紀，即使奇美拉還不到惡魔的程度，但作為肉慾賣淫的象徵，似乎是個頗有份量的存在，真想看看漢斯大聖堂柱頭雕刻等處。有趣的是，十二世紀黑恩主教馬博德狂罵缺德女人的文章中，就是將女人稱為奇美拉：

「奇美拉啊，人們說妳有三種樣貌，真是再確切不過了，也就是說前方是獅子、後方是龍，然後中間是熊熊燃燒的火焰。這是隱藏娼婦本性的夢幻形象。為什麼這麼說，因為她為了迅速咬住肥羊，無論外表裝得多高潔有氣質，都會同時亮出獠牙。一旦藉由這種虛偽的高潔擄獲犧牲者，就會用愛慾的烈焰將他們吞噬殆盡。」

中世紀的聖職者把女性當成奇美拉對待，然而到了經歷過哥白尼革命的十七世紀中葉，出現了將所有人類當成奇美拉對待的哲學家，真令人發笑。那位哲學家的名字是帕斯卡，接著引用《思想錄》的內容來介紹：

「人類不管怎麼說就是奇美拉吧？充滿了那麼多奇妙、那麼多怪異、那麼多混沌、那麼多矛盾，多麼令人驚嘆啊！既是任何事物的審判者，也是土中愚蠢的螻蟻。既是託付真理者，也是不可靠與謬誤的集合。既是宇宙的榮耀，也是宇宙的垃圾。」

米爾頓在《失樂園》中，將奇美拉跟戈爾貢、希德拉一起流放到地獄，然而感覺無論哪位十九世紀的作家與詩人大概都對奇美拉孿好的。波特萊爾寫道：「每個人都有自己的奇美拉」，涅瓦爾編著了《奇美拉詩集》。福婁拜在《聖安東尼的誘惑》中描述了與斯芬克斯對話的雌性奇美拉，於斯曼斯在《逆流》中直接引用了福婁拜的這段對話。畫家古斯塔夫・杜雷的但丁神曲《地獄篇》插畫中，畫了不同於古典外形、長了翅膀在山上翱翔相當俊美的男性奇美拉。

現代作家中，法國的皮耶爾・葛斯加爾（Pierre Gascar）與德國的魯道夫・卡斯特納（Rudolf Israel Kastner）各自寫過題名〈奇美拉〉的短論。

對了，現實的動物界與植物界中，同樣也有名為奇美拉但並非幻想中的怪物，一般稱為嵌合體之物，讀者知道嗎？

由博物學家林奈命名，拉丁語學名為「*Chimaera phantasma*」的銀鮫如其名稱所示，的確展現出奇特的身體特徵。牠是世界上現存最古老的魚類，也是最早下降至深海底部的脊椎動物之一，而雄性銀鮫除了部分腹鰭變形成交尾器，尚有肉狀突起物總共四隻，宛如四腳獸的腳。不僅如此，其尾鰭前端的絲狀物長長延伸，類似爬蟲類的尾巴，因此林奈以希臘神話中的怪獸來命名也情有可原了。

相對的，植物的奇美拉（拉丁語稱為「Chimaera」）則是一種植物體中，基因類型不同的組織相鄰結合並存活的現象。經典範例有一八二六年，法國園藝家亞當以金雀花同類植物製造出的嫁接雜交種，也就是用紫花金雀花（*Cytisus purpureus*）外側組織包圍住金鏈花內側組織的周緣嵌合體，命名為「亞當的金雀花」（*Cytisus adami*）。

看樣子奇美拉也是大自然脫離常軌或放蕩的象徵。如此想來，《幻想博物誌》的最後以奇美拉作結尾，可說再適合不過了吧！

書目註記

1. The White Goddess: A Historical Grammar of Poetic Myth, Robert von Ranke Graves, 1948.

文庫版後記

本書《幻想博物誌》是昭和五十年一月起至五十一年十二月（西元一九七五～一九七六），歷經兩年，於雜誌《野性時代》連載二十四回，之後由角川書店於昭和五十三年（西元一九七八年）十二月時發行的單行本。

雖然名為博物誌，但本書光提到動物，即使單講動物，從神話、傳說中出場的幻想動物到實際存在的動物已族繁不及備載。我在別處已經寫過獨角獸、戴勝及曼德拉草等主題，本書中只好忍痛割捨，不過這些都可說是我喜歡的動物。

先前提過無數次，我很喜歡羅馬的博物學家老普林尼，所以本書也經常開心地從他的《博物誌》中引用文章。對了，補充一些內容供各位參考，老普林尼既是博物學家，同時也是羅馬艦隊的司令官，因此西元七十九年維蘇威火山大爆發時，他為了視察，率領軍艦從火山附近的拿坡里灣登陸，結果被有毒氣體包圍因而死亡。這種死亡方式多麼適合博物學家，我不知怎地憧憬起來。

老普林尼的《博物誌》是共三十七卷所組成的拉丁語大作，其中不只動物與植物，可謂是收錄所有自然領域的百科全書，我主要引用的是第八卷到第十一卷動物的部分。

昭和五十八年（西元一九八三）七月

澀澤龍彥

幻想博物誌

出版◆楓樹林出版事業有限公司
地址◆新北市板橋區信義路163巷3號10樓
郵政劃撥◆19907596 楓書坊文化出版社
網址◆www.maplebook.com.tw
電話◆02-2957-6096　傳真◆02-2957-6435
作者◆澀澤龍彥
翻譯◆李依珊
責任編輯◆周佳薇
校對◆周季瑩
封面插畫◆安品
港澳經銷◆泛華發行代理有限公司
定價◆380元
出版日期◆2023年8月

國家圖書館出版品預行編目資料

幻想博物誌 / 澀澤龍彥作 ; 李依珊譯. -- 初版. -- 新北市 : 楓樹林出版事業有限公司, 2023.07　面；　公分
ISBN 978-626-7218-80-8（平裝）
1. 妖怪 2. 傳說
298.6　　112008341